# DÉFENSE

## DE

# L'AGIOTAGE

PAR

## ALPH. COURTOIS FILS

MEMBRE DE LA SOCIÉTÉ D'ÉCONOMIE POLITIQUE DE PARIS

« La loi, c'est la justice. »
(Frép. Bastiat. *La Loi*.)

PRIX : UN FRANC

## PARIS

GARNIER FRÈRES | GUILLAUMIN ET Cᵉ
LIBRAIRES-ÉDITEURS | LIBRAIRES-ÉDITEURS
6, RUE DES SAINTS-PÈRES, 6 | 14, RUE RICHELIEU, 14

1864

# DÉFENSE

## DE

# L'AGIOTAGE

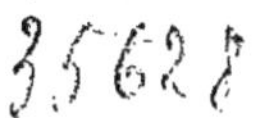

# DÉFENSE

## DE

# L'AGIOTAGE

PAR

## ALPH. COURTOIS FILS

MEMBRE DE LA SOCIÉTÉ LIBRE D'ÉCONOMIE POLITIQUE DE PARIS

« La loi, c'est la justice. »
(FRÉD. BASTIAT. *La Loi*.)

## PARIS

| GARNIER FRÈRES | GUILLAUMIN ET Cⁱᵉ |
|---|---|
| LIBRAIRES-ÉDITEURS | LIBRAIRES-ÉDITEURS |
| 6, RUE DES SAINTS-PÈRES, 6 | 14, RUE RICHELIEU, 14 |

### 1864

# DÉFENSE

## DE

# L'AGIOTAGE

---

## I

Sommaire : Entrée en matière. — Qu'est-ce que l'agiotage? — Ce qu'il était il y a cent ans ; ce qu'il est aujourd'hui. — Distinction à faire entre l'agiotage et les manœuvres frauduleuses. — L'extension des opérations hasardeuses en proportion directe de la sévérité des lois sur l'agiotage et de l'état d'agitation du pays. — Déduction à tirer de ces faits. — J. B. Say. — Mac Culloch. — Division du sujet.

« Défendre l'agiotage ! Quelle entreprise vaine et sophistique ! s'écriera maint lecteur au premier aspect de cet opuscule. Eh quoi ! ce que tous les gouvernements qui se respectent refusent de sanctionner, ce que tous les hommes qui ont encore le sentiment de l'honnête désavouent, avoir la prétention, pour ne pas dire plus, de le justifier, de le défendre ? Être assez osé pour vouloir prouver, ou au moins tenter de le faire, que ce qui est vice aux yeux de tous les moralistes, délit aux yeux de tous les légistes, plaie aux yeux de tous les économistes, est digne de la protection de la loi et mérite d'être accueilli devant la justice à l'égal des opérations de commerce les plus licites, les plus loyales, les plus utiles, des actes civils les plus autorisés par tout ce qui compte dans la nation au point de vue moral, au point de vue religieux ! »

Oui, j'envisage l'agiotage sous un aspect tout autre que vous : mais, ami lecteur, il faut s'entendre d'abord sur les mots; alors, plus rapprochés peut-être l'un de l'autre que vous ne le pensez, il ne nous restera plus qu'à examiner sans préjugés, sans parti pris, les points de dissidence et à voir sur quoi ils se fondent. Si j'arrivais à disculper, soit au point de vue économique, soit au point de vue moral, les opérations qui encourent votre blâme, n'aurais-je pas bien mérité de vous, en arrachant une erreur et y substituant une vérité pouvant avoir pour conséquence de rectifier les défectuosités de la loi. L'appât d'un pareil succès m'encourage à essayer, et, à défaut de talent, j'aurai la foi dans des idées mûries depuis longtemps et qui sont pour moi un évangile économique.

Qu'est-ce que l'agiotage ?

Agiotage vient d'agio. Agio veut dire différence sur les prix; agiotage signifie donc opérations basées sur la différence des prix. Le sens de ce mot n'a pas changé depuis sa création, mais l'application que l'on en fait aujourd'hui diffère beaucoup de celle qu'on en faisait au siècle dernier.

Jusqu'au premier empire la matière de la spéculation en déterminait le caractère répréhensible. On comprenait alors sous le nom d'agiotage toute opération, *au comptant aussi bien qu'à terme*, sur papier de commerce, matières d'or ou d'argent ou denrées alimentaires. La différence des prix se ressentait naturellement des préjugés ou de l'ignorance du public à ce sujet; elle variait plus ou moins, selon que l'animadversion populaire s'attachait plus ou moins à tel ou tel objet. Le péril de l'opération, la tache qu'elle infligeait alors à ceux que, à tort ou à raison, l'on soupçonnait de s'y livrer, contribuaient doublement à imprimer aux prix des oscillations brusques et tentantes par conséquent; le petit nombre de ceux qui bravaient l'opinion publique ou les fureurs de la populace, ne s'y adonnaient que sur l'appât d'un bénéfice considérable. Les économistes éminents du dix-huitième siècle, Turgot en tête, ont montré combien cette situation exceptionnelle empirait le mal, forçait les différences de prix et, en fin de compte, augmentait le malheur public. On ne s'arrêtait pas alors, comme aujourd'hui, à la question de crédit; l'objet lui-même sur lequel on spéculait et la différence des prix constituaient l'agiotage. C'est ainsi que l'ont entendu Savary[1], Mirabeau[2] et les autres auteurs qui ont traité de ces matières jusqu'au commencement de ce siècle. Quant aux marchés à terme, Savary les définit, sans exprimer approbation ni désapprobation, que les vendeurs ou acheteurs aient, ou non, la volonté ou la puissance de réaliser leur marché au jour fixé, autrement que par une contre-opération. Ainsi la spéculation à crédit (c'est ce que, de nos jours, on entend par l'agiotage) était licite dans l'opinion publique à cette époque, c'est-à-dire après la chute du Système[3] et les désastres qui l'ont suivie.

Depuis le consulat, il y a eu progrès dans l'esprit public. L'opération au comptant dont l'utilité incontestable avait été si victorieusement démontrée, principalement à l'occasion des denrées alimentaires, par les publicistes les plus éminents du siècle qui venait de finir, fut innocentée de l'inculpation d'agiotage, et l'on réserva cette dénomination, que l'on continuait à vouloir rendre infamante, pour l'opération à terme. Spéculer *à crédit* sur la hausse ou la baisse devint le principe de l'agiotage, quel que fût d'ailleurs l'objet de l'opération, marchandises ou fonds

1. *Dictionnaire universel de commerce.* — Paris, 1723, aux mots agiotage, agioteur.
2. *Dénonciation de l'agiotage au roi et à l'Assemblée des notables.*
3. On appelle ainsi l'ensemble des idées financières de Law, et l'application qu'il en fit à la France sous la minorité de Louis XV.

publics. Nous ne nous occuperons de l'agiotage que sous cette dernière forme, la seule qui intéresse les générations actuelles, la seule qui puisse être utilement envisagée, une fois que l'on ne s'attache pas à l'histoire économique du pays. Nous appellerons donc, avec tout le monde, *agiotage* les opérations à terme faites avec *l'intention* de ne les liquider que par des *différences*, que l'on soit ou non en position de les régler autrement. L'intention suffit pour faire d'une spéculation à terme une affaire de jeu. En outre, nous ne comprenons pas plus sous la dénomination d'agiotage les faux bruits et autres moyens frauduleux, quels qu'ils soient, de spolier autrui, que l'on ne comprend sous celle de commerce les fraudes commises par quelques négociants, indignes de ce nom, soit sur la quantité, soit sur la qualité des objets vendus. Les uns et les autres sont des vols que la justice est appelée à réprimer directement, par tous les moyens que la société met à sa disposition : ni l'économiste, ni le moraliste ne doivent tenir compte de ces faits exceptionnels, que tout le monde juge de la même manière.

Depuis bien longtemps, les opérations improprement dites *jeux de bourse* ont été l'objet de la malédiction des écrivains qui ont traité ce sujet; à presque toutes les époques, dans presque tous les pays, le pouvoir a cherché à empêcher ce qu'il trouvait d'immoral dans ces transactions, et jamais, quelque draconiennes qu'aient été ses dispositions réglementaires, il n'est parvenu au but qu'il se proposait. Loin de là, les époques où les lois furent le plus sévères coïncident avec celles où l'agiotage prit la plus grande extension.

Comment expliquer ce phénomène social? Serait-ce parce que la fureur des spéculations hasardeuses, la passion de mettre au sort ses moyens de bien-être et souvent d'existence, sont en raison directe des peines infligées à ceux qui s'y livrent?

Si cela était, loin d'interdire l'agiotage, loin même d'y

rester indifférent, le gouvernement devrait s'empresser de lui accorder toutes les sécurités désirables, de l'entourer de toutes les garanties possibles, de donner au créancier contre son débiteur autant de droits pour dette de jeu (comme l'appelle la loi) que pour dette commerciale.

On a aussi remarqué que les époques où l'agiotage se répand davantage sont celles où le pays est moins tranquille et moins prospère que de coutume. Y aurait-il donc, entre la tranquillité et la prospérité d'un pays et l'intensité de l'agiotage, une relation si intime que la diminution des unes amenât nécessairement l'augmentation de l'autre?

Si cela était, au lieu de s'en prendre directement à l'agiotage, le remède le plus simple, le plus court, le plus radical, serait de travailler à rétablir la tranquillité du pays, et à augmenter son bien-être moral et matériel.

Nous nous proposons, dans cet écrit, d'envisager la question de l'agiotage à ce double point de vue; heureux si nous parvenons à démontrer que la marche à suivre est contraire à celle adoptée jusqu'à ce jour, puisqu'une simple disposition législative pourra aider à diminuer chez les hommes cette funeste passion.

Le sujet qui nous occupe a été fort peu étudié jusqu'ici par les économistes : sans se rendre un compte bien exact des effets véritables produits par les opérations de bourse, tous ceux (et le nombre en est fort restreint) qui ont traité cette question, les ont condamnées, et ont souvent même réclamé du gouvernement la répression directe de l'agiotage [1].

1. Nous trouvons dans le *Traité théorique et pratique d'Economie politique* de M. J. G. Courcelle-Seneuil, ouvrage fort remarquable pourtant, la conclusion suivante : « L'agiotage et les jeux de bourse exercent sur « l'industrie générale une funeste influence, parce qu'ils absorbent « inutilement des capitaux et des hommes. *L'autorité pourrait y mettre « fin par une prohibition absolue des marchés à livrer, non autrement.* » Paris, 1858, tome II, p. 277.

Des économistes proprement dits, qui ont traité la matière, celui qui l'a fait avec le plus d'étendue, me semble être J.-B. Say. Dans son *Cours complet d'économie politique pratique*, il consacre un chapitre entier (le xv<sup>e</sup> de la huitième partie), à l'agiotage, et la conclusion à laquelle arrive cet illustre économiste est celle-ci :

« Tous ces jeux (jeux de bourse sur les effets publics ou sur les marchandises), qui entraînent beaucoup de malheurs et dont l'industrie et la production ne profitent jamais, pourraient, je crois, être *supprimés, si le gouvernement le voulait.* »

Supprimés ! comment ? directement ou indirectement ? par répression immédiate ou par des moyens détournés ? Pour savoir l'opinion de Say à cet égard, il faut remonter plus haut dans le chapitre, et la phrase suivante que nous y trouvons laisse peu douter que ce soit d'une répression immédiate et directe qu'il s'agisse.

« Il semblerait, en conséquence, que le gouvernement devrait rester indifférent à l'agiotage, ou *plutôt s'efforcer de le réprimer.* »

Quand un homme aussi clair, aussi lucide, aussi dépourvu de préjugés que l'était ce grand économiste, arrive à une conclusion si peu précisée, il ne faut pas s'étonner que tant de gens prennent ses paroles à la lettre et demandent à grands cris la fermeture de la Bourse, en tant que lieu de réunion de joueurs proprement dits.

Cependant, si J.-B. Say a eu la pensée qu'on lui prête, n'a-t-il pas empiété ici sur la morale ? La limite entre l'économie politique et la morale est bien difficile à saisir.

L'un des économistes modernes les plus distingués, M. Mac Culloch, a émis une opinion analogue à celle de J.-B. Say. Voici le passage auquel nous faisons allusion :

« On a supposé que les contrats ou les obligations résultant de transactions purement aléatoires appartenaient à cette dernière classe (celle des transactions manifestement préjudiciables aux intérêts généraux), et il est passé en coutume de leur refuser toute sanction légale. *La sagesse de cet usage nous semble d'une évidence surabondante.* On ne peut mettre en doute que l'empire du jeu, en arrachant ceux qui s'y livrent aux transactions de l'industrie, et en leur faisant placer leur confiance dans le hasard, au lieu de compter sur l'activité et l'économie, comme moyens de s'élever dans l'échelle sociale, ne soit excessivement funeste, au point de vue général et particulier. Et nous ne sachions pas qu'on ait imaginé, pour contrarier le développement de cette funeste habitude, aucun moyen *aussi facile* à adopter, et en même temps *aussi efficace* que celui qui consiste à *placer tout engagement aléatoire en dehors de la loi*, et à priver les parties intéressées de toute autre garantie que celle de leur propre honneur. Il serait *peut-être* inopportun d'intervenir dans une limite plus étendue ; mais il ne paraît y avoir *aucun motif raisonnable de penser que l'intervention du gouvernement ne puisse*, avec avantage, *aller jusque-là* [1]. »

Nous espérons prouver, dans la suite de cet écrit, que *placer tout engagement aléatoire en dehors de la loi* n'est pas *aussi facile* ni *aussi efficace* que le prétend le savant professeur, et que, tout en reconnaissant avec lui les funestes effets de la passion du jeu, nous avons des *motifs très-raisonnables de penser que l'intervention du gouvernement* doit s'appliquer d'une tout autre manière que l'entend l'économiste anglais.

Nous nous proposons d'examiner la question dans ses effets et dans ses causes, au point de vue philosophique d'abord, puis au point de vue économique, enfin à celui de la morale. Nous passerons ensuite en revue l'état actuel de la législation relativement au sujet qui nous occupe, et nous terminerons par l'examen des réformes, trop peu étudiées, dont notre pays a besoin à cet égard.

1. *Principes d'Economie politique*, traduction de Aug. Planche ; 1851, tome I, page 303.

II



C'est un préjugé très-répandu, surtout parmi les personnes qui ne fréquentent pas la Bourse, que la loi principale des opérations dites *jeux de bourse* est le hasard ; comparer la Bourse à un tapis vert est un lieu commun, et si l'opinion publique a flétri ces opérations du nom de *jeu*, c'est une preuve de plus de la généralité de cette idée.

Cependant nous nous permettrons de dire que dans cette appréciation des opérations de bourse il y a tout au moins une grande exagération. Certainement le hasard entre parfois pour une certaine part dans ces opérations ; mais le plus souvent les spéculateurs font tous leurs efforts pour disputer au hasard ce qu'ils peuvent très-raisonnablement lui arracher ; étudiant leurs spéculations, ils cherchent à saisir les causes qui peuvent raréfier ou faire abonder la valeur sur laquelle ils spéculent ; ils apprécient si à telle époque les capitaux disponibles sont moins disposés qu'à une autre à entrer dans une valeur. Quelques-uns même ont poussé si loin l'excès de leurs calculs, qu'on les a vus crouler pour avoir trop voulu généraliser leurs idées et tout prévoir.

Examinons donc quelles sont les idées originaires sur

lesquelles les hommes de bourse s'appuient pour entrer en lice.

Nous avons déjà vu que le hasard est l'un de ces éléments, mais on ne l'avoue pas toujours; on se plaît même quelquefois à le déguiser sous le nom de combinaison plus ou moins ingénieuse : ainsi celui qui met à la loterie, sur un numéro qui n'est pas sorti depuis longtemps, se croit plus sage que celui qui prend le premier numéro venu. Cherchons quelle est la cause première qui agit en effet en ce cas.

Qu'est-ce que le hasard d'abord? c'est l'absence de lois; c'est le vide dans le monde moral : vouloir assujettir le hasard à des lois, c'est un non-sens que nous ne pouvons accorder.

Cependant des hommes supérieurs et que la France est fière de compter parmi ses enfants, ont voulu faire entrer le hasard dans les sciences mathématiques, sous le nom de *probabilités;* ils y ont même compris les événements résultant de la volonté humaine. Ils ont formulé des lois dont l'immortel auteur de la *Mécanique céleste* a ainsi établi les bases philosophiques :

« *Tous* les événements, ceux même qui par leur petitesse semblent ne pas appartenir aux grandes lois de la nature, en sont une suite aussi nécessaire que les révolutions du soleil ...... Une intelligence qui, pour un instant donné, connaîtrait toutes les forces dont la nature est animée et la situation respective des êtres qui la composent, si d'ailleurs elle était assez vaste pour soumettre toutes ces données à l'analyse, embrasserait dans la même formule les mouvements des plus grands corps de l'univers et ceux du plus léger atome; rien ne serait incertain pour elle, et l'avenir comme le passé serait présent à ses yeux [1]. »

---

1. *Essai philosophique sur les probabilités*, par **M.** de Laplace, 6e édition, 1840, Paris, page 2.

Malgré tout le respect que nous professons pour le génie des créateurs de cette science, Pascal et Fermat, et pour l'intelligence supérieure des hommes éminents à plus d'un titre qui les ont suivis dans cette voie, Huyghens, Witt (le grand pensionnaire), Halley, les Bernouilli, Condorcet, etc,, etc., il nous est impossible de ne pas protester contre cette extension des lois mathématiques et naturelles.

Que devient le libre arbitre avec cette doctrine qui a la prétention de renfermer dans une formule le passé, le présent et l'avenir, de préciser par avance ce que je ferai, ce que je déciderai, moi qui suis libre et responsable de mes actes? ne sommes-nous pas ici sur la grande route du panthéisme, peut-être même du matérialisme?

Pourquoi ne pas regarder le hasard comme une inconnue, comme l'$x$ algébrique des actions humaines, et laisser l'homme libre de se retourner ici-bas à sa guise et de dégager cette inconnue comme il l'entend, sauf à répondre plus tard au tribunal de Dieu de ses infractions aux lois du Créateur?

Évidemment le hasard a sa part dans cet univers, et souvent notre volonté, n'ayant aucune raison d'agir dans un sens plutôt que dans un autre, se confie à ce guide aveugle comme l'homme qui met sa main dans un vase contenant des boules de diverses couleurs et qui, *par hasard*, peut retirer plusieurs fois de suite la même boule et même ne l'en pas retirer une seule fois [1].

Hâtons-nous de dire que ce qui nous a donné le cou-

---

1. On nous reprochera peut-être d'avoir supposé ce qui n'était pas, savoir : que les mathématiciens comprennent dans leurs calculs des données telles que la volonté humaine. Cependant, qu'on lise leurs écrits sur cette matière, et particulièrement les deux ouvrages suivants, et on reconnaîtra si nous avons exagéré : *Essai sur l'application de l'analyse aux probabilités des décisions rendues à la pluralité des voix*, in-4°, par Condorcet. — *Recherches sur les probabilités des jugements en matière civile et en matière criminelle*, in-4°, 1837, par Poisson.

rage de protester hautement contre ce que nous regardons comme une erreur, c'est que nous nous sentons appuyé par un homme dont le nom fait autorité depuis plus d'un quart de siècle dans les questions philosophiques, par M. Victor Cousin, que nous aurions dû citer plus tôt.

« C'est à l'imitation de cette arithmétique morale que des mathématiciens, qui n'étaient pas philosophes, ont eu la malheureuse idée d'appliquer le calcul des probabilités à des quantités morales, aux actions des hommes, aux jugements des tribunaux, etc.; en pareille matière, il n'y a lieu qu'à des prévisions générales et non pas à des calculs précis. Sur cent hommes qui jugent ou agissent, il est certain que tous sont faillibles, il est vraisemblable que plusieurs se tromperont ou agiront mal; mais combien et dans quelle proportion? Impossible de le prédire. Sur cent hommes placés en telles circonstances, il se peut que nul ne se trompe quoique tous soient faillibles, et sur cinq hommes placés dans les mêmes circonstances, tous les cinq peuvent se tromper. Quelle moyenne établir où toutes les quantités sont essentiellement variables? la liberté et le calcul s'excluent [1]. » Nous ne trouvons à ajouter à ces paroles si justes, que ces mots : *le hasard et le calcul s'excluent également.*

Si nous nous reportons actuellement à la Bourse, et que nous y appliquions ce qui vient d'être dit, on reconnaîtra aussitôt l'erreur dans laquelle tombent fort souvent ceux qui croient enlever des chances au hasard en basant des combinaisons sur des probabilités. Un fait n'a pas eu lieu depuis longtemps; on est tout de suite porté à supposer qu'il y a de grandes chances pour qu'il arrive dans un court délai, et on agit en conséquence. Hasard,

1. *Cours de l'histoire de la philosophie moderne*, première série, tome IV, quinzième leçon, page 173, note, nouvelle édition, Paris, 1846.

pur hasard ! cependant on agit. Si le fait arrive, on crie victoire ! et s'il n'arrive pas, on se dit que ce n'était qu'une probabilité et non une certitude, et l'on recommence à nouveaux frais. Néanmoins, en remontant à la source des choses, on reconnaîtra qu'on s'est aveuglément abandonné au hasard ; et peut-être la honte d'avoir ainsi abdiqué notre intelligence, ce don de Dieu, nous retirera de la voie de l'erreur.

A côté du hasard et à un plus haut degré d'importance, heureusement, se range, dans les idées originaires des opérations de bourse, la connaissance du cœur humain et des lois économiques qui régissent la société. C'est là qu'est le côté sérieux de la Bourse. Des hommes administrant pour tout le monde les affaires sociales, d'autres recevant telle ou telle impression de la direction suivie par les premiers, les grandes lois qui régissent le monde économique agissant, que les hommes les pénètrent ou ne les pénètrent pas, voilà le domaine de l'homme de bourse, le plus beau, le plus enviable, après celui du savant désintéressé ! Juge et appréciateur de tout le monde, gouvernants et gouvernés, travailleurs et capitalistes, aucune question n'est indifférente à l'homme de bourse. Il doit connaître et les mœurs de la nation, et le caractère du peuple au milieu duquel il vit ; il doit saisir les rouages du gouvernement, en comprendre le mécanisme, la raison, la portée, être presque un homme universel.

Aussi, un grand spéculateur, sachant profiter des fautes des uns, mettant, par son génie, les qualités des autres à sa disposition, est-il un homme rare. Il doit se posséder encore plus qu'il ne possède les autres ; sans quoi il est perdu, quelles que soient d'ailleurs ses hautes capacités. Je sais bien que pour le public qui fréquente peu la Bourse, un spéculateur n'est qu'un joueur, plus ou moins heureux ou adroit, si ce n'est pis ; mais ce serait bien méconnaître la nature humaine, que de s'arrêter à cette opinion. Non, certes, quoique l'envie et la jalousie, appuyées sur l'ignorance, puissent verser leur venin sur de tels hommes, il faut, quand ils possèdent la qualité rare de ravir au hasard tout ce qu'il nous est possible de lui enlever, quand ils remplacent ses lois aveugles par des prévisions basées sur la connaissance du cœur humain et de la nature des choses, il faut le reconnaître, ce sont de grandes intelligences [1].

Ainsi, hasard, cœur humain, lois économiques, voilà ce que nous trouvons au fond du creuset dans lequel nous avons soumis l'agiotage à l'analyse philosophique.

[1]. Nous trouvons dans un auteur israélite du siècle dernier une appréciation du spéculateur, qui se rapproche trop de la nôtre, pour que nous ne la reproduisions pas ici : « Un commerçant, selon nous, est « un homme qui fait le commerce de spéculation , non-seulement « dans la ville dont il est habitant, mais partout où, par une correspondance suivie, il entretient des liaisons d'intérêt. Ses opérations « peuvent avoir deux objets, savoir : le trafic de marchandises proprement dites et le commerce de papier.... Il n'y a dans l'une et dans « l'autre de ces opérations rien de bas, rien de mécanique ; *tout, au* « *contraire, y porte l'empreinte de la grandeur comme celle du génie.* « De quelles vastes connaissances n'a pas besoin un commerçant qui « veut faire de grandes entreprises ! Il doit, pour ainsi dire, connaître « toutes les nations qui font le commerce, en quelque genre que ce « soit ; saisir le moment où le cours des événements y entraîne des variations pour en profiter ; prévoir même les révolutions politiques, « afin d'être prêt à en tirer avantage dans l'instant qu'elles arrivent. « En un mot, le champ de ses opérations , c'est le monde entier. Le « commerce en grand exige de grandes lumières , et par conséquent « beaucoup d'étude et d'application. *Celui qui le fait avec distinction* « *a donc droit à la plus grande considération ; pour la lui refuser, il faut* « *n'être pas de notre siècle et tenir encore à des préjugés à peine pardonnables dans des siècles de barbarie.* »

Cette citation est extraite du plus bel ouvrage théorique et pratique qu'ait produit le dernier siècle, *Traité général du commerce*, Amsterdam, 1781, par Samuel Ricard. La première édition de ce remarquable ouvrage remonte au commencement du dix-huitième siècle.

# III



Parmi les reproches que les hommes qui se sont
occupés de la matière adressent aux opérations de bourse,
nous en remarquons (au point de vue économique) deux
principaux :

Elles affectent, disent-ils, le cours des rentes et par
suite le crédit public, d'une manière illégitime ; en d'autres termes, elles faussent les prix des fonds publics ;

Elles attirent des capitaux qu'elles retirent à la production des richesses, pour les appliquer à des opérations improductives.

Examinons d'abord la valeur du premier grief.

Je me suppose détenteur d'une certaine somme de
rentes ; je désire les vendre dès aujourd'hui, non par
besoin d'argent, quant à présent du moins, mais parce
que je n'ai plus autant de confiance dans l'emprunteur,
dans l'État. D'autre côté un acheteur se présente, mais
ses fonds ne lui rentreront qu'à une certaine époque dé-
terminée ; cependant il me propose d'acheter mes rentes
sous cette condition, qu'il ne me payera qu'à cette

époque, et qu'en attendant je garderai les titres. Voilà une opération assurément fort licite et dont personne ne contestera la légalité.

Supposons maintenant que l'acheteur à terme n'ait pas l'intention de garder mes rentes, et qu'il se propose de les revendre au comptant le jour même où je devrai les lui livrer. Il est évident que si j'ai confiance en lui, si je le crois capable de solder la différence en cas de perte, il est évident, dis-je, que l'effet économique n'en est pas changé pour cela. Seulement la revente, au lieu d'être faite de suite, sera encore à faire ; quand elle sera effectuée, les effets contraires se seront produits et balancés. En fin de compte, on en sera revenu au point de départ.

Mais, dira-t-on, jusqu'au moment de la vente au comptant, on croira à un placement définitif ; puis, le moment de la livraison arrivé, on saura que ce n'était qu'une opération de bour e, et alors il y aura eu d'abord hausse, puis baisse ; par suite les cours de la rente. et conséquemment le crédit public en auront été affectés. Cela est vrai ; mais qu'y a-t-il d'illégitime dans cette influence ? Un capitaliste, avec ses propres ressources, ou au moyen du crédit, avec celles d'autrui, opère sur le marché ; les variations subies par les cours, comme conséquences de cette opération, sont le résultat d'une loi économique, la loi de l'offre et de la demande, qui est évidente, et à laquelle la loi des hommes ne saurait valablement s'opposer. La question de crédit, mérité ou non, ne change rien au raisonnement. Ainsi que dans le commerce, on peut se tromper sur l'appréciation réelle de la valeur d'une signature ; mais cela ne vicie pas le principe de la loi économique dont nous parlions tout à l'heure, et le droit d'appréciation de la part de celui qui accorde le crédit reste entier dans tous les cas, erreur ou non.

De même, si un spéculateur vend des rentes sans les avoir, il sera obligé de les racheter plus tard, et l'effet produit d'abord par la vente sera ensuite annulé par le *contre-effet* produit par le rachat. De plus, ou on le croira détenteur de rentes, et alors l'influence sera, comme tout à l'heure, fort légitime ; ou on supposera qu'il ne possède pas de titres, et en ce cas l'effet sera immédiatement annulé par le contre-effet ; par conséquent, les prix n'en seront pas affectés. Si, par l'entremise du crédit, et au moyen d'un report, un autre se substitue à sa place, le raisonnement n'en sera pas changé pour cela. On voit donc que, dans ces deux cas, les opérations de bourse, lorsqu'elles se mêlent aux opérations de placement, n'ont, au point de vue économique, et quant à l'influence exercée sur les cours, rien de répréhensible ; si elles affectent les prix des rentes, c'est qu'on leur suppose la faculté dè se résoudre par des levées ou livraisons de titres, et alors leur influence est légitime ; si elles sont et restent des opérations de bourse, leur influence est complétement nulle.

Il n'en a pas toujours été ainsi. Anciennement la *coulisse*, par exemple, faisait profession de ne jamais lever ni livrer de rentes, même indirectement ; on y achetait ou vendait *liquidable suivant règlement*[1] ; et au moment fixé pour la liquidation, on réglait par la *différence* entre le prix auquel l'opération avait été faite et celui dit de compensation, qui n'était autre que le cours moyen du jour. Ici, on le voit, l'opération n'était, pour employer l'expression de J.-B. Say et des auteurs du Code pénal, qu'un véritable pari, dont la perte ou le gain était proportionnel à l'importance des variations.

Or, qu'on le remarque bien, ce marché était séparé du parquet[2], où toutes les opérations, au comptant ou à terme, de placement ou de spéculation sont mêlées

---

1. C'étaient les termes employés par les *coulissiers* pour signifier que l'affaire était purement de spéculation.

2. On appelle ainsi la corbeille où se tiennent les agents de change pour faire leurs opérations, et, par extension, l'ensemble de ces mêmes opérations.

indistinctement; par suite, son influence ne résidait que dans les esprits; l'offre et la demande se balançant par une différence à payer ou à recevoir, le prix des rentes n'en était nullement affecté [1].

La coulisse ne s'est cependant pas toujours liquidée par le cours moyen; avant la révolution de Février, et dans les derniers temps de son existence de fait, elle se compensait par le parquet de la manière suivante : selon que les ventes avaient excédé les achats ou *vice versâ* [2], la coulisse revendait ou rachetait la différence au parquet au moment de chaque liquidation. Mais, si l'on se rend bien compte de cette façon d'opérer, on verra qu'elle rentre dans la catégorie des opérations de placement mêlées aux spéculations, et on comprendra, comme nous l'avons précédemment démontré, qu'il n'y a rien à y reprendre au point de vue économique.

Toutes les opérations de bourse ne résident pas dans des ventes ou des achats simples de rentes à livrer; il en est d'une nature particulière que nous allons examiner : nous voulons parler des *marchés à prime.*

On appelle à Paris marché à prime un marché par lequel l'acheteur peut ne pas prendre livraison des rentes, en abandonnant en ce cas au vendeur une certaine somme fixée d'avance et qu'on appelle prime. On conçoit qu'alors on vend les rentes un peu plus cher, puisqu'on court risque de garder ses titres en cas de baisse, et qu'on est sûr qu'en cas de hausse l'acheteur en prendra toujours livraison, car en les revendant, le jour même de la réponse, ce dernier réaliserait un bénéfice. De plus on conçoit

---

1. C'est, du reste, ce que l'on remarquait du temps du cours moyen ; les cours du parquet étaient souvent fort différents de ceux de la coulisse ; cela résultait évidemment de ce qu'au parquet il peut y avoir excès ou abondance de titres (influence parfaitement légitime, comme nous l'avons établi plus haut), tandis que dans la coulisse, où il n'y avait jamais de livraisons de titres, les mêmes causes n'existaient pas.

2. Relativement à chaque joueur, bien entendu, puisque entre deux particuliers il ne peut y avoir de vente sans achat, ni réciproquement.

que le prix de vente doit être d'autant plus élevé que la prime est plus faible; car la prime n'est qu'une indemnité donnée au vendeur en cas de baisse, pour l'engagement qu'il prend de livrer, quelle que soit la hausse: or, plus l'indemnité est faible, plus on doit naturellement vendre cher.

Nous avons dit *à Paris*, car sur certains marchés, à Londres par exemple, c'est tantôt le vendeur, tantôt l'acheteur qui paye la prime : en ce cas, on dit *prime pour livrer* ou *prime pour lever*, selon que c'est le vendeur ou l'acheteur qui la paye.

Si l'on s'est bien rendu compte de la nature de cette sorte d'opération, on verra qu'elle est décomposable en deux : l'une est un *marché ferme* [1], et l'autre un véritable pari, dont les enjeux sont la prime d'une part et la différence à payer en cas de baisse d'autre part; en cas de hausse, le pari se trouve annulé.

Or, le marché ferme, qui forme la première partie de notre opération, ou n'a pas d'influence sur les prix, n'étant qu'une simple opération de bourse, ou en a une, parce qu'il est susceptible de devenir un placement; dans le premier cas, il est innocent de toute variation dans les prix, et dans le second les fluctuations qu'il peut faire subir aux rentes sont aussi légitimes que pour toute affaire au comptant. Cette première partie de notre opération se trouve donc complétement justifiée.

Quant à la seconde, c'est un simple pari qui ne peut avoir aucune influence directe sur les prix : les rentes peuvent bien varier à cause de ces paris; mais cela ne peut être dû qu'aux relations que chacun croit découvrir entre l'opinion personnelle du spéculateur et celle du public, et non à des offres ou des demandes directes. Cette seconde partie se trouve donc complétement inno-

---

1. On appelle marché ferme toute transaction à terme autre que les marchés à prime.

centée du reproche d'influencer illégitimemént les cours.

On voit par là que les marchés à terme, qu'ils soient fermes ou à prime, ne jouissent de la faculté d'exercer une influence sur les cours qu'à proportion de ce qu'on les suppose définitifs, c'est-à-dire, devant ou pouvant se résoudre par des livraisons ou des levées de titres. Le reproche que l'on fait à l'agiotage de fausser les cours est donc tout à fait injuste : ce n'est pas fausser les cours que de produire la hausse par des achats au comptant et la baisse par des ventes également au comptant (et c'est l'effet analogue pour les opérations dont il est question, c'est-à-dire dans le seul cas où elles exercent une certaine influence sur les prix, lorsqu'elles se résolvent par des levées ou livraisons de titres) ; car, qu'est-ce que le cours d'un effet, si ce n'est le rapport de l'offre à la demande ?

On va voir si le second reproche est mieux fondé que le premier.

Le second grief est celui-ci : l'agiotage soutire des capitaux aux opérations productives de l'industrie, du commerce, etc., pour les appliquer à des opérations improductives.

Rappelons d'abord qu'en économie politique le mot improductif[1] ne s'applique pas à beaucoup de services que le vulgaire qualifie ainsi. Par exemple, le nankin que l'on transporte de Chine en Europe n'a pas subi de transformation matérielle durant le trajet ; et cependant il vaut plus après le transport qu'auparavant, puisqu'il trouve un acheteur à meilleur compte que sur le lieu de fabrication : le consommateur qui trouve à l'utiliser pour son propre usage l'a à sa portée après le transport, tandis qu'auparavant il ne pouvait se le procurer qu'en le faisant venir lui-même, c'est-à-dire, en lui donnant lui-

1. Voir le *Traité d'économie politique*, de M. Joseph Garnier, 5e édition, Paris, 1863, page 33 et 34.

même la nouvelle *façon* ( façon purement immatérielle )
que lui donne celui qui se charge du transport; or, il
trouve plus d'avantage à payer le transport en sus du
prix de revient à celui qui apporte une grande quantité de cette étoffe, qu'à faire venir directement, et pour
son propre compte, ce qui lui en serait nécessaire. Le
transport qui a porté le nankin du lieu de fabrication au
marché a donc donné à cette denrée une valeur qu'elle
n'avait pas auparavant; ce transport, qui a créé une utilité de plus, est donc un service productif, quoiqu'il n'ait
rien ajouté ni changé matériellement à l'objet transporté.
D'après le même ordre d'idées, on comprendra pourquoi
les services rendus par les notaires, les agents de change
et courtiers, les banquiers, etc., sont productifs; c'est
qu'ils créent des utilités, qu'ils ajoutent une valeur aux
objets en les mettant plus à la portée du consommateur.

D'après cela, on peut voir que la circulation des effets
publics à la Bourse est productive ou improductive, selon
le résultat final. Si des titres, après avoir quitté les mains
d'un spéculateur, y reviennent, on peut penser que le
public n'y gagne rien. Si, au contraire, ils n'y reviennent
plus, c'est qu'ils ont trouvé à se caser ailleurs, et l'état
du marché se trouve en ce cas amélioré. «Une circulation
n'a rien de favorable par elle-même, a dit J.-B. Say[1],
c'est le mouvement d'une meule qui tourne à vide.» C'est
donc le résultat final seulement qu'il faut envisager.

Si nous retournons maintenant au grief que nous avons
mentionné plus haut, on reconnaîtra d'abord qu'il y a,
dans son énoncé, une pétition de principe assez singu-
lière; en effet, qui dit agiotage dit opération à terme se
soldant par de simples différences; or, on lui reproche
de détourner les capitaux des usages productifs; le grand
coupable n'est évidemment pas cet agiotage, qui a l'*in-*

1. *Traité d'économie politique*, liv. III, chap. xi, page 544 de l'édition Guillaumin.

*famie* de ne se liquider que par de petites sommes ; ce sont les placements définitifs qui attirent les capitaux. Cette observation pourrait suffire pour réfuter le grief en question, mais elle nous conduit à des considérations plus importantes.

Dans toute opération, le profit du capital (numéraire, outils, talent, etc.), que le capital provienne d'un prêt ou d'une commandite, se divise en deux parts bien distinctes. L'une, égale au même instant pour toutes les industries, est le prix réel du service rendu par l'apport des capitaux, prix qui ne varie qu'en raison de leur plus ou moins grande abondance. L'autre part, variable suivant les individus à qui l'on confie son capital et l'industrie dans laquelle on l'emploie, est la prime pour le risque de non-remboursement ou de perte de tout ou partie du capital engagé. Les variations de cette dernière part peuvent être amenées par une foule de raisons : l'état plus ou moins paisible du pays, les progrès plus ou moins rapides de l'industrie, les qualités personnelles, etc., etc.

La prime de risques varie, disons-nous, avec chaque individu et avec chaque industrie ; de là il résulte que les capitalistes peuvent choisir dans le placement de leurs capitaux depuis les placements rapportant le moins et étant moins aventurés, jusqu'à ceux qui rapportent le plus, et dont les risques sont aussi plus grands.

L'intervention du gouvernement dans ce choix des placements est la chose la plus funeste qui puisse arriver. « Tout homme, a dit Adam Smith, tant qu'il n'enfreint « pas les lois de la justice, demeure en pleine liberté de « suivre la route que lui montre son intérêt, et de porter « où il lui plaît son industrie et son capital, concurrem- « ment avec ceux de tout autre homme ou de toute autre « classe d'hommes. Le *souverain* se trouve entièrement « débarrassé d'une charge qu'il ne pouvait essayer de « remplir sans s'exposer infailliblement à se voir sans « cesse trompé de mille manières, et pour l'accomplis-

« sément convenable de laquelle il n'y a aucune sagesse
« humaine ni connaissances qui puissent suffire, la charge
« d'être le surintendant de l'industrie des particuliers et
« de la diriger vers les emplois les mieux assortis à l'in-
« térêt général de la société [1]. »

L'interdiction de tel ou tel placement comme trop
aventureux est également très-contraire à la prospérité
publique. En effet, outre que toute mesure de ce genre
amortit l'esprit d'entreprise, comme nous le verrons plus
loin, elle est parfaitement incapable de remédier au mal.
Pourquoi se livre-t-on aux placements aventureux? C'est
parce que les placements qui le sont moins sont plus
recherchés et, partant, rapportent peu : il y a donc là
une question d'équilibre, dans laquelle le gouvernement
ne doit jamais s'interposer, sous peine de rompre l'har-
monie naturelle des transactions. Souvent aussi les capitaux se portent vers les placements aventureux, parce
que le pays n'est pas tranquille, ou parce qu'il y a une
crise industrielle ou commerciale. Mais ces deux mala-
dies sociales ne sont la plupart du temps produites que
par de fausses lois économiques qui, en voulant rectifier
les rapports naturels des hommes en matière de production, d'échange, de distribution ou de consommation, ne
font que brouiller les lois de la Providence ; or, est-ce
en s'interposant de nouveau, que le gouvernement peut
remédier au mal ? Non certes, il agira plus sûrement en
réformant la cause même du mal, c'est-à-dire, en abro-
geant les lois qui ont porté le trouble dans l'état économique du pays.

De là aux opérations de bourse, il n'y a qu'un pas. En
effet, qu'est-ce qu'une spéculation sur les fonds publics,
si ce n'est une opération plus hasardeuse que les autres,
dans laquelle on peut gagner beaucoup plus, mais dans

---

1. *Recherches sur la nature et les causes de la richesse des nations*,
trad. du comte G., Garnier. — Édit. Guillaumin, tome II, p. 338.

laquelle on risque aussi davantage? Faudrait-il donc, en supposant que cela fût possible, interdire les opérations de bourse? Non, car le mal n'est pas dans les opérations hasardeuses, mais bien dans l'état politique ou économique du pays qui fait rechercher cette nature de transactions. En un mot, l'agiotage n'attire pas les capitaux, ce sont les circonstances ambiantes (comme on dit en physique) qui portent plus ou moins les capitaux vers l'agiotage ou les en détournent.

Ceux qui déclament contre l'agiotage, comme attirant les capitaux, prennent l'effet pour la cause, les souffrances du malade pour la maladie elle-même. En voulant supprimer l'agiotage directement et violemment, ils ne font que donner une potion calmante à leur malade, et reculent ainsi la guérison, loin de supprimer le mal; heureux quand ils ne l'aggravent pas.

Que l'on ôte les entraves que la législation vicieuse d'un pays fait naître dans les transactions, que l'on respecte la propriété dans tous ses mouvements plus ou moins apparents, que l'on éloigne du pays le danger ou la crainte des révolutions, et l'on aura ôté à l'agiotage ses principaux aliments.

Souvent on a vu reprocher à la Bourse la sensibilité des prix : le moindre événement arrive-t-il, ou menace-t-il seulement d'arriver, dit-on, et aussitôt les cours, miroir fidèle, reflètent l'impression qu'il a causée sur le pays : est-ce là, ajoute-t-on, un marché sérieux que celui où le moindre bruit [1], vrai ou faux, peut faire baisser ou hausser les fonds?

1. Nous empruntons à J.-B. Say l'anecdote suivante, que nous copions textuellement :

« Un jour (c'était sous l'Empire), à l'heure de la Bourse, un orage lointain fit entendre quelques coups de tonnerre. On crut que c'était le canon qui annonçait le gain d'une bataille ; les fonds montèrent aussitôt. C'était probablement la première fois, ajoute l'illustre économiste, que le tonnerre avait fait monter le cours des effets publics ! »

Ici il y a plusieurs erreurs : d'abord les événements n'influent sur les rentes qu'en raison de l'effet qu'ils ont produit sur les personnes qui utilisent *à ce moment* leurs capitaux en achats ou ventes de fonds publics ; ces personnes n'ont pas qualité pour représenter le pays, et pour que les cours des rentes fussent l'expression véritable de la confiance du pays dans son gouvernement, il faudrait que les événements eussent eu le temps de produire leur effet dans toutes les couches du monde commercial, de même que pour juger du dérangement de niveau dans un bassin dans lequel on a ajouté ou puisé de l'eau, il faut attendre que la tranquillité se soit rétablie dans les diverses couches du liquide. Ensuite, lui reprocher la mobilité des cours, c'est faire de la Bourse un éloge dont nous nous garderons bien de la disculper ; c'est dire qu'il y a beaucoup de transactions, que les échanges s'y font avec la plus grande facilité, etc., etc. Autant vaudrait préférer les routes ordinaires aux chemins de fer, le télégraphe de Chappe au télégraphe électrique, la stabilité au progrès !

Mais, dira-t-on, l'agiotage ne procédant que par différences de prix, n'aboutit qu'à faire passer l'argent de la poche de Pierre dans celle de Paul ; vous ne pouvez donc vous dissimuler qu'en elles-mêmes les opérations de bourse « ne profitent jamais à l'industrie ni à la production. »

Cela est exact. Elles causent même, jusqu'à un certain point, des dommages à la société. Au premier abord, comme ce que l'un perd l'autre le gagne, comme « le proufit de l'un est le dommage de l'aultre, » selon l'expression de Montaigne (juste dans ce cas particulier), on pourrait penser que l'agiotage est à peu près dépourvu d'influence sur l'état social d'un pays ; mais il n'en est pas exactement ainsi. Écoutons à cet égard Rossi : « Quant à la société, pourrait-on dire que c'est pour elle chose indifférente, que peu lui importe que les

uns perdent et les autres gagnent de quoi compenser
ces pertes? Ce serait là un mauvais raisonnement, non-
seulement en morale et au point de vue de l'ordre social,
mais même en économie politique, car *la compensation
ne se fait jamais*. Quand il y a une grande perturbation
dans la distribution de la richesse nationale, il y a perte
pour tout le monde, parce que vous avez toujours une
grande masse de travailleurs et de capitaux qui chôment.
Croit-on qu'en pratique, les masses de travailleurs pas-
sent en un moment d'une occupation à une autre occupation, d'un pays à un autre pays? croit-on que les
capitaux puissent tout d'un coup passer ainsi d'un emploi à un autre emploi? Non, tout le monde sait bien le
contraire [1]. »

Ceci est d'une exactitude mathématique. La déperdition, dans ce cas, est analogue à celle causée par le
frottement dans les machines. Cependant, dans le cas
particulier qui nous occupe, l'influence est peu considérable. Les fonds destinés aux opérations de bourse se
renouvellent peu; presque toujours ce sont les mêmes;
et ce n'est qu'à de rares intervalles que de nouveaux capitaux viennent s'engouffrer à la Bourse. On dira, vrai-
semblablement, que les agents de change, prélevant
par leurs courtages une dîme sur ces capitaux (dîme
assez considérable, puisque M. Coffinières ne l'évaluait
pas, en 1825, à moins de douze millions par an pour les
affaires à terme, et de six pour celles au comptant), il
faut que le mouvement des fonds soit au moins égal au
montant de cette dîme. Il y aurait là erreur, car on doit
déduire de la somme des courtages payés aux agents de
change, les pertes qu'on leur fait subir, soit par impuis-
sance de payer, soit par mauvaise foi; et le fait est, qu'à
considérer le petit nombre d'agents de change qui se re-

---

1. *Cours d'économie politique fait au Collége de France*, tome III, *De
la distribution des richesses*, p. 473.

tirent en bonne position, il est permis de douter que, sur la masse des capitaux employés dans les charges des soixante agents de change de Paris, il en sorte plus qu'il n'en entre[1].

On voit que l'observation de l'illustre économiste, quoique exacte, est de peu d'importance pour l'objet qui nous occupe, et que le faible dommage que nous venons d'envisager, le seul dont, au point de vue économique, on puisse rendre l'agiotage responsable, est bien peu de chose en comparaison des avantages résultant, pour l'état social, de cette nature d'opérations.

Mais, me direz-vous, tous les actes que vous citez sont utiles à la société, et doivent augmenter le bien-être matériel ou moral s'ils réussissent ; or, vous ne nous avez pas démontré l'utilité des opérations de bourse, de l'agiotage.

En vérité, il faudrait être bien étranger à son siècle, bien absorbé par la vie contemplative pour se trouver embarrassé de répondre à une pareille question. Ouvrez les yeux, voyez l'immensité de la richesse mobilière partout où il y a ces marchés de crédit et de capitaux que l'on appelle des bourses de commerce, voyez les développements que cette richesse prend chaque année, les progrès énormes qu'elle a, en particulier, accomplis depuis une vingtaine d'années, ces travaux publics, ces manufactures, ces usines, ces institutions de crédit, etc., etc., qui répandent partout l'aisance, la richesse, qui

---

1. Nous trouvons dans l'ouvrage de M. Coffinières (*De la bourse et des spéculations sur les effets publics*), Paris, 1825, p. 460, la confirmation de ce fait.

« Le même agent de change a appris au public que, sur cent
« vingt et un individus qui avaient figuré au tableau des agents de
« change depuis vingt-deux ans, quatre se sont suicidés de désespoir
« de ne pouvoir remplir leurs engagements, et soixante et un avaient
« failli, en faisant éprouver une perte considérable à leurs créanciers,
« ou avaient abandonné leur état, étant à peu près ruinés, ou du
« moins avec un avoir moindre que celui qu'ils avaient apporté. »

améliorent et consolident les moyens d'existence de
toutes les classes laborieuses, de quelque ordre qu'elles
soient, et dites-moi si cette transformation, que l'associa-
tion favorise si efficacement, n'est pas due au principe
dont l'agiotage est le point extrême; si la spéculation
n'est pas le levier qui a mû toutes ces forces, le lien qui
a réuni toutes ces ressources en en multipliant la puissance? Sans marchés à terme, combien de kilomètres de
chemins de fer aurions-nous, au lieu de ce vaste réseau
qui enlace comme un filet les parties civilisées des deux
hémisphères; sans marchés à terme, les gouvernements
eux-mêmes se seraient-ils procuré les capitaux qui les
ont aidés, soit dans la guerre, soit dans la paix, à accom-
plir leurs projets, à atteindre leur but? Je sais que l'on
m'opposera que ce sont les opérations sérieuses et réelles
et non les opérations fictives qui ont produit ce mer-
veilleux résultat. Je demanderai ce que c'est qu'une opération fictive? si toute transaction qui n'est ni contre le
droit naturel ni contre la loi n'est pas sérieuse? L'agiotage n'est nullement contre le droit naturel, comme on
le verra plus loin, pour ce qui concerne la morale, et ce
ne sont pas les opérations de bourse qui sont contre la
loi, c'est la loi qui est contre elles; que la loi les sanc-
tionne, et elles seront sérieuses. Donc, dans leur nature,
toutes les opérations de bourse sont sérieuses, très-sérieuses.

Cette utilité, d'ailleurs, que vous contestez, est relative
et de la même nature que celle produite par tout autre
acte tant soit peu hardi; il n'y a là qu'une question de
plus ou de moins; qui peut savoir, excepté le spéculateur, si les risques de son opération sont ou ne sont pas
en rapport avec les bénéfices, à son point de vue personnel? Qui peut dire si une spéculation de bourse ne fait
pas la contre-partie d'une autre opération réputée plus
sérieuse, dont les risques sont d'une nature directement opposée à celle de bourse, et si alors, les risques

opposés se balançant à peu près, le prétendu joueur n'est pas, au contraire, un homme d'une grande prudence?

En outre, l'homme est libre de donner ce qui lui appartient à qui il juge convenable; des lois spéciales garantissent même ce genre de transmission de la propriété (témoin les deux premiers titres du livre III du Code Napoléon); à plus forte raison doit-il être libre de jouer au sort ce dont nul ne peut lui contester la possession; c'est là un des attributs de la propriété, le droit d'user et d'abuser.

Comment ! je payerai, par des contributions, un gouvernement pour qu'il m'assure la liberté d'agir, dans la limite de celle d'autrui, pour qu'il me garantisse ma propriété, acquise peut-être au prix de longs labeurs, et ce gouvernement, qui, au fond, ne subsiste que par moi (contribuable), ce gouvernement viendra m'interdire telle ou telle opération, parce que je risquerai, dit-il, de perdre tout ou partie de cette propriété? il me dira : tu as le droit de faire toute opération commerciale, excepté telle ou telle, que moi, aussi faillible que toi, il est vrai, puisque je suis composé d'êtres mortels comme toi, je déclare cependant être dangereuse, par conséquent immorale? — Mais je serai seul à souffrir si je hasarde trop. — Peu importe; tu ne t'appartiens pas; et la société a *droit* de te remettre sur le bon chemin si tu t'égares. — Mais je suis majeur, libre, égal à mes semblables, et, de plus, je n'attente ni à leur liberté, ni à leur propriété en risquant ce que je possède. — Tais-toi, sinon... Hélas ! telle est la triste histoire des opérations de bourse; au nom de la liberté et du respect dû à la propriété on m'empêche de disposer librement de ce qui m'appartient légitimement.

Il n'est certes pas indifférent, pour la prospérité publique d'une nation, que les valeurs représentatives de la richesse aient un cours vénal plus ou moins élevé. Des cours élevés, et se maintenant ainsi, sont l'indice d'une prospérité croissante, puisqu'ils attestent l'augmentation des capitaux en général; par l'abaissement du taux d'intérêt des placements, par leur influence sur tout le pays, ils facilitent les opérations commerciales et industrielles, et tendent, par cela même, à augmenter la rapidité du mouvement du capital social de la nation. Cependant, arrêtons-nous là, et ne supputons pas avec quelques statisticiens l'augmentation de la richesse publique, au moyen de l'élévation des cours des titres de fonds publics, d'actions ou obligations de sociétés. En effet, si nous limitons d'abord notre observation aux seules rentes publiques, nous voyons que ce n'est pas tant le capital qui a augmenté, puisque le chiffre nominal de la dette est fixé, et que si demain le trésor public avait à sa disposition l'équivalent de sa dette en numéraire, il pourrait la rembourser au pair sans bonification, même quand la rente serait à 120 francs; ce n'est pas tant, disons-nous, le capital qui a augmenté, que l'intérêt auquel on prête à la nation, qui a diminué; le gouvernement a donc plus de crédit (ce qui est certes une prospérité, puisqu'un pays est toujours solidaire vis-à-vis des rentiers des conséquences financières des actes du gouvernement) : mais la richesse du pays n'a pas changé d'ailleurs. Un raisonnement analogue est applicable aux obligations municipales ou de sociétés.

Si nous passons aux actions de sociétés industrielles, nous verrons que la hausse peut venir de deux causes : la première, de la baisse de l'intérêt général de l'argent, et à cet égard nous n'aurions qu'à répéter ce que nous venons de dire à propos des rentes publiques; la seconde, de la prospérité particulière de l'entreprise; or, cette prospérité particulière est due à de nouveaux procédés, à plus d'ordre, plus de garantie dans les opérations, à la capitalisation des revenus excédant les besoins de la société, etc.; il y a certes un bénéfice pour la nation, mais ce bénéfice est basé sur la prospérité de l'affaire même et non sur le prix de l'action ; c'est la prospérité de l'entreprise qui fait monter les actions, et non le haut prix des actions qui cause la prospérité. Dans les autres cas, comme ceux où le public consommateur se porterait par caprice vers une société plutôt qu'une autre, ou ceux où il y a monopole, la prospérité de l'entreprise n'est qu'individuelle et ne profite nullement à la nation ; c'est Pierre au lieu de Paul, et voilà tout. La nation, qui se compose de Pierre, plus de Paul et de quelques autres, ne gagne rien à ce que l'un soit plus favorisé que l'autre.

On voit donc qu'en 1848, par exemple, la nation n'avait perdu qu'en ce sens, que le défaut de sécurité restreignait les transactions et anéantissait de fait certains capitaux immatériels comme ceux compris dans les offices d'affaires et autres, ou certains capitaux matériels comme ceux représentés par les machines, alors en non-activité, de beaucoup d'industries ; mais cette déperdition n'était nullement en rapport avec les cours des rentes ou des actions ; elle en était indépendante. De même, en 1840, lorsque le 5 0/0 tombait dans l'espace de quinze jours (en septembre) de 113 à 100, les actions de Saint-Germain de 727.50 à 530, de Versailles (rive droite) de 462.50 à 360, de Versailles (rive gauche) de 302,50 à 245, de Strasbourg à Bâle de 357.50 à 310, et celles d'Orléans de 470 à 425, la France, malgré toute l'inquiétude qu'elle put éprouver par suite des actes de la politique extérieure, la France ne perdit pas le dixième de son avoir, comme les cours sembleraient le faire supposer, et elle ne regagna pas non plus ce dixième, qu'elle n'avait pas perdu, quand les prix, en novembre suivant, atteignirent de nouveau les premiers cours de septembre. Quant aux industries dont les actions furent frappées de discrédit ou recherchées avec faveur dans ces diverses circonstances, elles ne dépérirent ni ne refleurirent en proportion de ces prix : des besoins d'argent, des craintes plus ou moins fondées, l'abondance des capitaux ou des illusions, ont influencé les prix et causé les variations qui ont eu lieu, de concert avec la connaissance plus ou moins répandue de la situation réelle de l'entreprise[1].

En général, à la Bourse, le spéculateur ne s'occupe que des événements pouvant survenir avant la liquidation des opérations en cours : ainsi, que le pays soit tranquille et prospère pour deux mois, et vous aurez probablement la hausse, même lorsqu'on pourrait prévoir des complications alarmantes après cet espace de temps.

Il en est de même pour la baisse ; et cela peut donner la mesure de la portée qu'il faut attribuer aux variations des cours de fonds publics, et de la justesse de cette comparaison, si mal fondée, des cours des rentes à un baromètre constatant l'état social et industriel du pays.

Nous croyons avoir embrassé, au point de vue économique, les principales objections que l'on élève journellement contre l'agiotage ; et si l'on veut bien réfléchir aux opinions séparées que nous avons émises sur chacun de ces griefs, on reconnaîtra, ce nous semble, que nous sommes actuellement en droit d'affirmer que le gouvernement, non-seulement n'a pas le droit d'interdire les opérations de bourse, mais même ne produirait aucun dommage à la société en leur assurant le concours de la loi.

Nous allons examiner les mêmes opérations au point de vue de la morale.

---

1. Citons, à ce propos, la discussion, pleine d'intérêt, qui eut lieu sur ce sujet au sein de la Société d'économie politique, le 4 février 1854 (voir le *Journal des Économistes*, 2e série, tome I, page 297, numéro de février 1854).

# IV[1]



Au point de vue de la morale, l'influence de l'agiotage n'est pas aussi exempte de reproche qu'au point
de vue économique. Cependant, sous ce rapport encore, on en a fort exagéré les effets. Pour bien établir ce
qu'il y a de bon et de mauvais dans ces opérations, on
nous permettra d'entrer dans quelques considérations
philosophiques, que nous rendrons aussi courtes que
possible.

1. Il est à remarquer que les moralistes se sont peu occupés du jeu
en lui-même ; ils ont peint le joueur et l'effet de la passion à laquelle
il est en proie ; mais ils n'ont pas fait la physiologie du jeu. Cette étude
si intéressante est encore à faire.

Chacun sait que le plus puissant intérêt de l'homme est le soin de sa conservation.

Toutes ses pensées sont empreintes, à divers degrés, de cette idée qu'il est sujet à la mort; tous ses actes sont plus ou moins modifiés par la connaissance qu'il a de la brièveté de ce voyage que l'on appelle la vie.

La prudence, la tempérance, la prévoyance, l'économie domestique, sont essentiellement liées au principe de la conservation personnelle.

Mais en poussant un peu plus avant l'investigation, on découvre chez l'homme un désir de connaître, de voir, de découvrir, qui est souvent contraire au principe de la conservation personnelle.

C'est ce dernier principe qui est le mobile des grandes actions, des entreprises hasardeuses où soit la vie, soit les moyens d'existence sont en jeu; c'est lui qui invite le navigateur à découvrir de nouvelles contrées au risque de ses jours; c'est lui qui pousse le militaire à défendre son pays au péril de sa vie; c'est lui qui, se basant sur un faux point d'honneur, est la cause de cette coutume, reste des temps barbares, du duel; c'est lui enfin qui est le mobile de ces spéculations hasardeuses appelées opérations de bourse.

Ces deux principes opposés, qui luttent sans cesse chez l'homme, le conduiraient à la mort s'il tentait de n'obéir qu'à l'un des deux seulement. Un homme qui, par peur ou par tout autre sentiment, voudrait n'obéir qu'au premier de ces principes, s'interdirait naturellement tout mouvement, et ne pouvant vaquer aux soins de son existence sans risquer plus ou moins de la perdre, finirait par mourir d'inanition et de langueur. Celui qui tenterait de n'obéir qu'au second, risquant sans cesse sa vie, ne saurait éviter de périr par accident. Ainsi, ces deux principes, tantôt interdisant toute action qui peut amener directement la mort, et tantôt poussant l'homme à augmenter par tous les moyens possibles son bien-être maté-

riel et moral, concourent à lui recommander alternative-
ment la prudence et la hardiesse. C'est à lui de pondérer
ces deux impulsions, de manière à les faire servir à ses
desseins, loin de chercher à se soustraire à leur action.

Il n'est pas un acte qui ne soit influencé par chacun
de ces deux principes; et les grands faits économiques
de la société (production, distribution et consommation
des richesses) sont plus que tous autres soumis à cette
loi. Seulement, si la perfection chez l'homme consiste
à tenir le milieu entre ces deux extrêmes, son imper-
fection, qui tend à diminuer chaque jour, sans jamais
pouvoir s'annuler, ne lui permet pas de les tenir toujours en équilibre. Chacun, selon son caractère, penche
un peu plus vers l'un ou vers l'autre : tel est plus porté
vers les études de cabinet, qui sont moins dangereuses,
mais beaucoup plus ardues et monotones; tel autre vers
les navigations lointaines, qui offrent à l'activité humaine
plus d'aliments, mais qui sont aussi entourées de beaucoup plus de périls.

De là il résulte que, dans un État civilisé, l'échelle des
occupations est infiniment variée, et que chaque homme
peut, la plupart du temps, choisir son échelon suivant
son caractère et son aptitude.

L'État doit-il intervenir, au nom de la morale, dans
ce choix des occupations? Doit-il en interdire certaines
qui lui paraissent trop téméraires?

Non ! car, d'abord pour tenir de niveau les deux plateaux
de la balance, il devrait aussi interdire celles qui sont
trop casanières, comme faisant perdre à la société une
activité précieuse; ensuite, il risquerait fort, en limi-
tant l'échelle des industries, d'amortir l'esprit d'entreprise et d'aventure qui a fait faire de si grands progrès
au genre humain.

Et puis, où placera-t-il la limite? « En réalité, toute
entreprise est une spéculation », a dit M. Mac Culloch.
Le même économiste ajoute plus loin : « Ce n'est pas

chose facile de tracer une ligne de démarcation entre la spéculation et le jeu. La vérité est qu'ils se rapprochent l'un de l'autre par des nuances presque insaisissables. » Il est vrai qu'il continue ainsi : « Cependant, dans la pratique, on peut appeler spéculation sûre, et conséquemment légitime, celle dans laquelle, estimation faite avec soin des éventualités favorables et défavorables, les premières prédominent; tandis qu'on appelle jeu une spéculation dans laquelle les éventualités sont inconnues ou à peu près égales [1]. » Mais cette manière de distinguer les choses, en apparence fort aisée, est inexécutable ; il est impossible de déterminer la ligne de démarcation dont parle l'auteur, et la spéculation et le jeu se rapprochent l'un de l'autre par des nuances complétement insaisissables. En effet, que veut dire éventualité, si ce n'est une condition dont on ne peut saisir ni l'importance ni l'étendue, puisqu'elle appartient à l'avenir et est régie par des lois sur lesquelles nous n'avons aucune action, que nous ignorons même la plupart du temps? Comment juger si les éventualités favorables dépassent les éventualités défavorables, leur sont égales ou leur sont inférieures, puisqu'une éventualité est par sa nature incommensurable? Si, un individu, dans une affaire qui le touche de près et qu'il est de son intérêt de bien apprécier, a toutes les peines du monde à distinguer ce qui lui est favorable de ce qui lui est défavorable, dans une affaire aléatoire, combien sera-ce plus difficile à un tribunal, à des jurés! L'illustre professeur anglais aurait donc pu, sans nuire à son savant ouvrage, se borner aux premières idées qu'il a énoncées.

Pourquoi interdire les opérations de bourse? Parce qu'elles sont imprudentes. Eh ! les opérations de bourse ne sont pas seules imprudentes; certaines navigations (à la découverte d'un passage par le pôle Nord, par exemple),

1. *Principes d'économie politique*, t. I. p. 385 et 386.

l'industrie des ballons, certaines expériences chimiques ou physiques, l'industrie des mines, etc., etc., le sont aussi à quelques degrés; le dévouement n'est-il pas presque toujours de l'imprudence? Un médecin, un prêtre qui, au moment d'une épidémie, portent aux malades, l'un les secours de l'art, l'autre les consolations de la religion, ne sont-ils pas imprudents? C'est une noble et sublime imprudence, il est vrai, puisque, toute compensation faite, il en résulte un grand avantage pour la société et peu ou pas de profits comparativement pour celui qui la commet; mais, enfin, c'est de l'imprudence, et un gouvernement, pour être logique, est tenu, ou d'interdire tout ce qui est imprudent, ou de laisser l'individu disposer de son sort comme il l'entend.

Est-ce parce qu'elles sont immorales que l'on veut interdire les opérations de bourse?

En quoi l'agiotage est-il immoral, si ce n'est parce que l'on risque beaucoup? et alors on retombe dans l'objection précédente.

Il est vrai que certains moralistes viendront reprocher à l'agiotage de ne reposer que sur le *vil intérêt :* mais qu'est-ce qui n'y repose pas un peu plus ou un peu moins sur cette terre? A ce titre toute spéculation sera interdite; et, que l'on y pense bien, nous retomberons dans les errements de ces écoles socialistes, qui veulent remplacer chez l'homme l'intérêt, d'origine divine, par je ne sais quelles combinaisons de sentiments d'origine humaine, c'est-à-dire plus ou moins fausses.

L'intérêt! mais n'est-ce pas le grand moteur de l'activité humaine? n'est-ce pas le principe de conservation? n'est-ce pas le mobile de la vie, celui qui nous porte à satisfaire nos besoins, la résultante même de ces besoins? Sans intérêt, l'homme ne serait plus lui-même; il tomberait au-dessous de l'animal, que son instinct guide, au moins, vers ce qui lui est bon et utile. L'homme a des besoins à satisfaire; l'intérêt est donc le pivot de son existence; le supprimer, si c'était possible, ce serait anéantir le mouvement. La vraie morale ne veut pas que l'on proscrive l'intérêt, mais qu'on l'éclaire par la science et qu'on le tempère par la justice.

On reproche encore aux opérations de bourse de pousser les hommes à tromper leurs semblables de mille manières, par de faux renseignements, par de faux bruits qui causent un mouvement factice, et qui ensuite, reconnus inexacts, ramènent les cours à leur ancien taux, et permettent ainsi à l'imposteur de réaliser des bénéfices souvent fort considérables. Mais partout où il s'agit d'intérêt il en peut être ainsi, et il en est ainsi effectivement; dans le commerce, que de fraudes se commettent à chaque instant! l'habitude en est parfois tellement contractée, que l'on finit par en regarder les bénéfices comme partie intégrante du prix que doit payer le consommateur; les lois (tant les législateurs ont peine à se défendre des sophismes de ceux qui ont intérêt à frauder), les lois consacrent même fort souvent la spoliation d'une manière indirecte. Cependant, quoi de plus utile, de plus honorable que le négoce?

S'il se commet des fraudes à la Bourse, l'on a pour les réprimer l'article suivant du Code pénal.

Art. 419. Tous ceux qui, par des faits *faux* ou *calomnieux* semés *à dessein* dans le public... auront opéré la hausse ou la baisse du prix... des papiers ou effets publics au-dessus ou au-dessous des prix qu'aurait déterminés la *concurrence naturelle et libre* du commerce, seront punis d'un emprisonnement d'un mois au moins, d'un an au plus, *et* d'une amende de cinq cents francs à dix mille francs. Les coupables pourront *de plus* être mis, par l'arrêt ou le jugement, sous la surveillance de la haute police pendant deux ans au moins et cinq ans au plus.

Si l'on juge que cette pénalité n'est pas suffisante, que l'on en applique une plus sévère.

On voit, au reste, que cette objection est sans valeur

contre l'agiotage en particulier; partout où régnera l'intérêt, la fraude cherchera à se glisser; c'est un mal que l'on peut, à force de surveillance et de sévérité, diminuer de plus en plus; mais le supprimer totalement, ce n'est pas plus possible que le principe de l'intérêt lui-même.

Enfin (et c'est peut-être l'une des choses que l'on a le plus reprochées à l'agiotage) on l'a accusé de manquer de patriotisme, de fonder même fort souvent ses bénéfices sur des idées antipatriotiques.

Un spéculateur joue à la baisse des fonds publics, dit-on, et aussitôt il désire, dans une idée sordide de lucre, que tout dans son propre pays soit au plus mal, qu'une crise industrielle et commerciale vienne porter le trouble dans les transactions, qu'une disette affame son pays, qu'une révolution renverse le gouvernement établi, que la banqueroute compromette les moyens d'existence d'un grand nombre de familles, que l'étranger envahisse sa patrie, qu'il la mette à contribution et la ruine, qu'il lui ôte sa liberté, etc., etc. Pires seront les choses, ajoute-t-on, et mieux ce sera au point de vue personnel du joueur en question, puisque son bénéfice n'en sera que plus considérable.

Admettons ce tableau, tout exagéré qu'il est. Est-il nécessaire de le dire? cet argument est de la même force que tous ceux que l'on dirige journellement contre l'intérêt personnel : tel marchand désire la ruine du voisin qui lui fait concurrence; tel agriculteur demande qu'une famine vienne augmenter le prix du blé; tel consommateur souhaite qu'une grande abondance de toutes choses mette le producteur dans la nécessité de baisser ses prix, même à perte, et l'industriel ne se désole pas parce que l'usine rivale de la sienne est détruite par incendie ou inondation. Il en est de même de tout commerce; ce qui se résume par ces mots : chacun désire vendre cher, très-cher, et acheter bon marché, très-bon marché; de là ces désirs involontaires, fort innocents, pourvu que l'on ne fasse rien qui tende à amener de pareils résultats. Eh! ne voit-on pas, même dans les familles, un parent désirer *in petto* la mort d'un autre parent, en vue, hélas! de son héritage? Cependant je gage que, sur cent fois, si la vie de ce parent à héritage était mise à la disposition de son légataire, ce dernier ne tenterait pas une seule fois de raccourcir la vie de celui dont la mort doit l'enrichir. C'est qu'il est dans la nature humaine de désirer son bien-être, même par la ruine et la mort de ses semblables; mais ce qui est contre la nature, c'est d'agir de manière à amener ces résultats.

Ce que nous venons de dire s'applique naturellement au patriotisme. Que veulent dire dévouement, patriotisme, dans les opérations soumises à la loi de l'offre et de la demande? Comment juger des hommes qui ont pu penser ainsi : « Nous dirigeons les affaires du pays; finances, commerce, industrie, tout est réglementé par nos décrets; cependant il faut que vous ayez en nous, hommes mortels et faillibles comme vous, une confiance absolue; sinon vous n'avez pas de patriotisme, vous êtes des égoïstes, des hommes à argent, des exploiteurs, en un mot des agioteurs? » — On le voit donc, ces accusations naissent, la plupart du temps, de la fausse idée que l'on a de l'État; si l'on se rendait bien compte que ce n'est qu'une agglomération d'individus gouvernés par quelques-uns d'entre eux, aussi sujets à l'erreur au moins que les autres, on verrait que le patriotisme ne réside pas dans une confiance exclusive dans ces individus et dans leurs actes, mais dans le soin que chacun mettrait à faire prospérer ses affaires personnelles. Menez à bien vos opérations commerciales, et vous serez, la plupart du temps, meilleur patriote que celui qui se charge, même dans d'excellentes intentions, du soin de prendre l'intérêt général.

Cependant ne nous dissimulons pas que l'habitude des

affaires hasardeuses exerce sur l'homme une pernicieuse influence. Habitué à gagner facilement et avec peu de peines, il dépense son argent de même; ses désirs sont néanmoins sans cesse en avance sur les moyens qu'il a de les satisfaire; la rapidité avec laquelle il augmente son bien-être lui rend l'existence fade et importune; elle le pousse à chercher dans des plaisirs coupables des jouissances plus énervantes; sa santé, son moral, tout s'en ressent, et la vieillesse vient presque toujours frapper avant l'heure à sa porte, quand, ruiné et incapable de concevoir la fermeté nécessaire pour se relever, il ne l'a pas prévenue en se débarrassant d'une existence devenue insupportable. Mais remarquons-le bien, le premier puni en ce cas est le joueur lui-même. Et puis, il est un moyen préventif : c'est de l'éducation que l'on donne à un jeune homme que dépend souvent son bonheur ou son malheur à venir; c'est donc dans l'éducation morale que l'on doit chercher un des plus puissants auxiliaires contre la passion des opérations aléatoires. Inspirez de bonne heure aux jeunes gens l'amour du travail; le jeu n'est, la plupart du temps, que le fruit de l'oisiveté. L'étude de l'économie politique, en lui apprenant la source des richesses, viendra utilement seconder l'examen de l'emploi de ces mêmes richesses, et donner à son travail un attrait qui le détournera de chercher dans l'agiotage des émotions perfides.

Mais cette moralisation de l'individu, nous pensons que l'État n'a pas qualité pour l'entreprendre, par la raison que cela lui est impossible. S'il veut tenter de moraliser du côté des opérations hasardeuses, il doit agir de même pour toutes les choses immorales qui existent dans le monde: l'amour est, certes, une passion noble et naturelle en elle-même; cependant on a fini par en faire un métier vil et repoussant; l'État ne devrait-il pas alors moraliser également l'individu de ce côté? Toutes les habitudes antisociales, il devra les réformer, sans cela son œuvre sera incomplète;

il lui faudra pénétrer dans les détails intimes de la vie privée de chaque citoyen, lui demander les motifs de chacune de ses actions, car une action n'est pas toujours blâmable en elle-même, mais, la plupart du temps, en raison du but que l'on se propose, etc., etc.; ce sera l'*exercice* appliqué dans un sens moral; or, nous le demandons de bonne foi, comment l'État pourrait-il suffire à une pareille besogne? comment les citoyens pourraient-ils endurer une si lourde inquisition ?

C'est là une de ces folies socialistes qu'il est bon de laisser de côté. Que l'individu se charge lui-même de se moraliser lui et sa famille, comme il se charge de pourvoir à l'existence commune de tous les siens; chacun de ses actes renfermera en lui-même sa récompense ou sa punition; sa récompense, s'il obéit aux lois de la Providence; sa punition, s'il y contrevient. S'il spécule témérairement, il s'expose à perdre ou à gagner, et ce dernier résultat n'est pas toujours le moins funeste pour lui; s'il est prudent, il conserve pour ses vieux jours de quoi assurer son existence, de quoi transmettre, à sa mort, à ceux qui lui sont chers, de l'aisance, si ce n'est de la fortune; s'il se laisse aller aux jouissances physiques, il altère sa santé; s'il est sobre et vigilant, il vit longtemps et honoré des siens.

Nous ne reconnaissons au gouvernement, en fait de moralisation, qu'un seul et unique droit, ou plutôt devoir, c'est d'interdire ce qui choque les mœurs publiques (et des lois de police suffisent pour cela), et de protéger les mineurs contre l'abus que l'on pourrait faire de leur inexpérience. C'est sur ces principes que nous nous basons pour approuver la fermeture des maisons de jeu et la suppression de la loterie[1]; mais les opérations de

---

1. Regrettons énergiquement à ce sujet que la loi du 21 mai 1836, qui a prohibé en France toute espèce de loterie, soit si mal observée. Non-seulement l'administration supérieure autorise une foule de loteries qui, sous ombre de servir à l'édification d'établissements civils ou religieux, offrent au public peu éclairé des gains aléatoires dont

bourse sont trop intimement liées aux affaires ordinaires du commerce, à la circulation des richesses, soit par elles-mêmes, soit par leurs signes représentatifs, pour les assimiler à ces établissements justement réprouvés par le sentiment public. Quoi qu'on en ait dit, il faut avoir devant soi un capital assez important pour spéculer à la Bourse; ce n'est qu'en risquant ce capital qu'on peut courir la chance de faire fortune; et pour en arriver là, il faut, en outre, connaître les opérations de bourse et être connu des agents intermédiaires qui, répondant des affaires, n'accordent pas leur crédit au premier venu.

Si la publicité s'empare des incidents produits par ces opérations, et proclame les résultats des variations des rentes, c'est que cela est nécessaire pour les affaires de placement, encore plus que pour les opérations de bourse;

la vaine espérance ne peut qu'énerver le penchant au travail et affaiblir les idées d'ordre et d'économie; mais encore des emprunts considérables, comprenant de véritables loteries dans leur combinaison financière, ont été homologués si ce n'est contractés par le pouvoir exécutif. Il y a là, à nos yeux, une calamité réelle dont les effets ne se font que trop sentir. Cependant l'art. 2 de cette loi est bien précis : « Sont réputées loteries et interdites comme telles, les ventes d'im-« meubles, de meubles ou de marchandises effectuées par la voie du « sort, ou auxquelles auraient été réunies des primes ou autres béné-« fices dus au hasard, *et généralement toutes opérations offertes au pu-* « *blic pour faire naître l'espérance d'un gain qui serait acquis par la* « *voie du sort.* » Il est vrai que l'art. 5 stipule comme exception les loteries d'objets mobiliers exclusivement destinées à des actes de bienfaisance ou à l'encouragement des arts, lorsqu'elles auront été autorisées dans les formes déterminées par des règlements d'administration publique ; mais il faut avouer, quand on s'arrête devant ces boutiques de triste apparence, exclusivement destinées au placement de billets de loteries, quand on parcourt la quatrième page des journaux et qu'on y voit des annonces qui promettent 100,000 fr. pour 1 fr., etc., etc., il faut avouer que le pouvoir fait en France un usage un peu trop large de l'exception autorisée par ce dernier article de la loi du 21 mai 1836.

Nous ne parlons pas des maisons clandestines de jeu ; l'administration déploie beaucoup de zèle pour les rechercher et les faire fermer ; mais, hélas ! en compensation, les hautes sommités encouragent dans les salons cette dépravante passion d'une manière bien décevante pour l'amélioration des mœurs.

et sous ce rapport, elle rend un service, loin d'être une cause d'immoralité; tant pis pour ceux qui s'en servent dans un but d'agiotage pur et simple; ils porteront tôt ou tard la peine de leur imprudence. Ce n'est pas, du reste, la première fois qu'on se sera servi dans un but mauvais d'une chose utile en elle-même, et le gouvernement n'est pas tenu de supprimer toutes les bonnes choses dont on abuse.

L'agiotage n'est donc pas immoral en lui-même; on ne peut l'apprécier qu'au point de vue de l'individu qui s'y adonne, et relativement encore à l'ensemble de ses opérations. Rien d'absolu dans le jugement à porter sur les opérations de bourse : c'est à l'individu à décider par lui-même s'il peut, ou non, se livrer à ces opérations; quant au gouvernement, il ne lui convient pas plus de s'en occuper au point de vue moral qu'au point de vue économique.

# V[1]



Notre législation a peu varié relativement aux opérations de bourse; avant la Révolution, les édits des 7 août et 2 octobre 1785, et du 22 septembre 1786, déclaraient nuls les marchés à terme d'effets publics, lorsque le dépôt

1. Nous n'avons fait, dans cette cinquième partie, qu'une exposition très-sommaire de la législation en vigueur. Pour plus de détails nous renverrons à deux ouvrages qui se sont occupés particulièrement de la matière, et qui, au point de vue du droit existant, ont dit avec beaucoup de clarté et de netteté tout ce qu'il y avait à en dire. Le premier de ces deux ouvrages est : *De la Bourse et des spéculations sur les effets publics*, par Coffinières, Paris, 1825. Dans ce livre, l'auteur s'occupe principalement des opérations de Bourse; mais il ne les envisage guère qu'au point de vue de la jurisprudence établie : il consacre bien une faible partie de son ouvrage à l'examen des opérations de bourse au point de vue de la morale et du crédit public ; mais, même dans ces pages peu nombreuses, il condamne les jeux de bourse parce que les législateurs les ont jusqu'à présent condamnés ; il ne recherche point s'ils ont pu se tromper, si la nature du jeu est toujours et en tous cas une cause de mal; non. Les lois proscrivent les marchés à terme ; il est impossible de les justifier le Code à la main, *donc* on n'a pas besoin d'autres considérations pour démontrer l'immoralité de ces sortes de marchés. (Voir p. 458 et 459.) Cependant, reconnaissons que l'ouvrage de M. Coffinières est plein de convenance, et qu'on n'y voit pas de ces déclamations qui déparent souvent des ouvrages sérieux. En outre, l'auteur y a déployé une rare érudition quant à la matière qu'il traite, et d'un sujet assez sec par lui-même en a fait un très-intéressant et presque attrayant. Le second ouvrage est de M. Mollot (*Bourses de*

de ces effets ou les formalités qui devaient y suppléer, aux termes de ces règlements, n'avaient pas été exécutés. Depuis, cette législation a constamment prédominé [1]; la loi du 28 vendémiaire an IV, les articles 1965, 1966 et 1967 du Code Napoléon [2], décrétés le 10 mars 1804 et promulgués le 20, l'ordonnance du 21 novembre 1823, et

*commerce, agents de change et courtiers.* Paris, 3e éd., 1853). L'auteur s'est renfermé dans la question de droit, mais il a en même temps établi l'état de la jurisprudence actuelle, non-seulement quant aux jeux de bourse, mais encore en ce qui regarde les Bourses de commerce, les agents de change et courtiers, tant en France que dans les colonies, ce que n'avait pas fait M. Coffinières. M. Mollot, n'étant pas sorti de la question de droit, n'a pas eu l'occasion d'examiner le côté moral et économique de l'agiotage; mais, quant à ce qui regarde la législation dans ses rapports avec la Bourse, on pourra considérer l'ouvrage de M. Mollot comme le véritable *Code de la Bourse*, tant la matière y est arrangée avec ordre et lucidité. Nous avons aussi profité d'un article (*Jeu*, p. 535, 4e édition, Paris, 1847) de l'excellent *Dictionnaire de législation usuelle*, de M. E. de Chabrol-Chaméane, qui donne très-succinctement l'état de la législation en vigueur.

1. Il n'est pas inutile de rappeler, puisque ces édits, antérieurs à notre révolution de 1789 et à plus forte raison à tous nos Codes, y compris le Code de commerce, ont toujours force de loi, il n'est pas inutile de rappeler, disons-nous, à quelle circonstance est due leur création. Un agioteur bien connu, l'abbé d'Espagnac, avait opéré sur une quantité d'actions de la Compagnie des Indes trois ou quatre fois supérieure à celle émise. Pour annuler ces opérations, que des dispositions pénales pouvaient atteindre sans difficulté, vu leur caractère, quant à ce qui regarde l'abbé d'Espagnac tout au moins, de manœuvres déloyales, même frauduleuses, pour annuler ces opérations, on rendit les édits cités plus haut. Ainsi des édits de circonstances, rendus pour réprimer un fait délictueux en lui-même, réprouvé par la morale, punissable par les lois existantes, oppriment depuis quatre-vingts ans le marché de fonds publics et sont, pour tout homme d'affaires loyal et dépourvu de préjugés, un sujet de scandale, quand ils ne sont pas un motif de ruine.

2. Il ne sera pas inutile, pour l'intelligence de ce qui nous reste à dire, de donner ici le texte de ces articles :

Art. 1965. La loi n'accorde aucune action pour une dette de jeu ou pour le payement d'un pari.

Art. 1966. Les jeux propres à exercer au fait des armes, les courses à pied ou à cheval, les courses de chariot, le jeu de paume et autres jeux de même nature, qui tiennent à l'adresse et à l'exercice du corps, sont exceptés de la disposition précédente. — Néanmoins le tri-

divers arrêts de la cour de cassation ont, à plusieurs reprises, mentionné et confirmé les édits cités plus haut.

Si le Code de commerce ne parle pas des jeux de bourse, c'est qu'il ne les comprend pas dans la série des actes de commerce mentionnés articles 632 et 633.

Il est donc hors de doute que la législation actuelle ne reconnaît pas les opérations de bourse, quoique la jurisprudence, plus tolérante que le texte même de la loi, depuis une trentaine d'années, admette actuellement, dans certains cas, les moyens de fortune connus de l'individu comme une raison de reconnaissance des opérations à terme [1].

Quant à la pénalité affectée à ceux qui se livrent à ces opérations, elle a varié avec l'esprit des gouvernements qui se sont succédé en France depuis 1789.

Si nous remontons seulement à la première République, nous voyons que la Convention a proclamé des lois d'une très-grande sévérité contre l'agiotage et les agioteurs : deux ans de détention, exposition publique avec écriteau sur la poitrine portant ce mot AGIOTEUR, et confiscation de tous les biens du condamné au profit de l'État. Or, tout homme convaincu d'avoir vendu des marchandises ou effets dont, au moment de la vente, il

---

bunal peut rejeter la demande, quand la somme lui paraît excessive.

Art. 1967. Dans aucun cas, le perdant ne peut répéter ce qu'il a volontairement payé, à moins qu'il n'y ait eu, de la part du gagnant, dol, supercherie ou escroquerie.

Si l'on rapproche de ces articles les articles 421 et 422 du Code pénal (cités plus bas), on reconnaîtra que la législation a compris les marchés à terme dans les jeux et paris. Il est à remarquer que les opérations à terme, basées sur des titres existants et déterminés, ne sont pas mis hors la loi, en tant que l'on ne peut contester leur réalité, et qu'ils ne sont pas faits pour plus de deux mois.

1. La législation anglaise est conforme, sous ce rapport, à la législation française. Pour s'en convaincre, il suffit de lire le bill de 1734, intitulé : *Acte pour faire cesser l'infâme pratique de l'agiotage sur les effets publics*. Le texte de cette loi se trouve en entier dans le *Moniteur* du 3 septembre 1823.

n'était point propriétaire, était déclaré agioteur et puni comme tel[1]. Voilà le côté pénal. Quant à l'opinion qui porta la Convention à agir si sévèrement envers ceux qu'elle réputait *agioteurs*, la voici telle qu'elle se trouve formulée dans les considérants de la loi du 20 octobre 1795 (28 vendémiaire an IV) sur la police de la Bourse :

Considérant. . . . . que la liberté et la sûreté nécessaires au commerce ne peuvent être confondues avec la licence et le trafic de l'agiotage; que le négociant honnête a réclamé et obtenu, dans tout pays commerçant, des lois protectrices sur la légalité de ses opérations, et qui en assurent l'exécution, tandis que l'agioteur a cherché partout à les violer et à s'y soustraire[2]; que celui-là est agioteur *criminel*, qui, par choix, met son intérêt en compromis avec son devoir, en faisant des opérations d'une nature telle, qu'elles ne peuvent lui rapporter quelque bénéfice qu'au détriment de la chose publique; que tel est le cas de celui qui achète à terme des matières ou espèces métalliques, dans la *coupable* espérance que le jour où le marché se réalisera, les espèces auront haussé de valeur, et que la monnaie nationale aura perdu la sienne; que tel est encore le cas de celui qui, sans besoin de commerce, achète, accapare des lettres de change sur l'étranger, dans l'espoir de les revendre avec bénéfice, lorsque l'assignat sera déprécié; que celui qui vend à terme *sans avoir des intentions aussi blâmables*, s'expose, par son *imprudence*, à produire les mêmes effets, savoir, l'avilissement de l'assignat, le renchérissement de toutes les marchandises et de tous les objets de première nécessité; Considérant que de pareilles spécu-

---

1. Loi du 30 août 1795 (13 fructidor an III), art. 1 et 3.

2. On voit qu'ici on accumule à plaisir sur la tête de l'agioteur toutes les mauvaises actions possibles pour le livrer plus facilement à l'exécration publique. On connaît le proverbe : « Quand on veut se défaire de son chien, on dit qu'il est enragé. »

lations sont *immorales*, destructives de tout système économique, de tout crédit national, et ne peuvent être conçues et opérées que par des *égoïstes* ou des *ennemis de la chose publique;* CONSIDÉRANT, enfin, que l'indulgence trop prolongée envers les agioteurs a pu seule les encourager dans leurs *coupables attentats contre la chose publique*, etc. [1]. »

On reconnaît bien là les idées économiques de l'Assemblée qui a décrété le maximum, qui a prohibé les exportations de grains, et qui a porté à 45 milliards l'émission des assignats, toutes mesures résultant d'une idée très-imparfaite du respect dû à la propriété et à la liberté de chacun, et d'une ignorance complète des lois qui déterminent le prix des marchandises et de celles qui règlent le crédit et la circulation.

Depuis, l'usage a naturellement aboli ces lois, comme tant d'autres, fruits des erreurs d'une Assemblée qui fut grande et sublime dans sa résistance à l'étranger, autant que despotique, tracassière et parfois cruelle dans le gouvernement du pays.

Actuellement la législation est moins sévère; voici les deux articles du Code pénal qui ont trait aux affaires de bourse.

« Art. 421. — Les paris qui auront été faits sur la hausse ou sur la baisse des effets publics seront punis des peines portées par l'article 419 (voir plus haut la citation de cet article) [2].

1. Ayant, déjà démontré l'absurdité et la fausseté de presque tous les reproches faits dans ce document à l'agiotage et aux agioteurs, nous nous contenterons ici de faire remarquer que ce ne sont que ceux qui jouent à la baisse des fonds publics et des monnaies nationales (assignats), ou à la hausse des espèces métalliques, qui sont regardés comme criminels ; ceux qui jouent à la hausse des premiers et à le baisse des secondes ne sont qu'*imprudents*, et *n'ont pas des intentions aussi blâmables* que les premiers. Ce n'est donc pas tant au point de vue de la moralité individuelle, qu'à celui du patriotisme, que la Convention a considéré les jeux de bourse.

2. Voir le jugement rendu le 8 juin 1842, par le tribunal de po-

« Art. 422. — Sera réputée pari de ce genre toute convention de vendre ou de livrer des effets publics, qui ne seront pas prouvés par le vendeur avoir existé à sa disposition au moment de la convention, ou avoir dû s'y trouver au moment de la livraison.

L'ensemble de cette législation, outre la prohibition formelle de l'agiotage, a le grave inconvénient de compromettre par le manque de quelques formalités minutieuses, une série d'affaires très-sérieuses et d'une utilité incontestable, telles que les reports.

C'est ainsi qu'après la révolution de Février on força ceux qui avaient prêté sur titres, à ne recevoir qu'une partie de ce qu'ils avaient prêté, par la fixation arbitraire d'un cours de compensation; mais cette mesure est trop importante et trop peu connue en dehors de la bourse, pour que nous n'en développions pas, avec quelques détails, les incidents et les résultats.

On sait ce que c'est qu'un report : je possède des titres et j'ai momentanément besoin d'argent; je pourrais, à la rigueur, vendre purement et simplement au comptant les effets que j'ai en mains; mais, pour une cause quelconque, je préfère en rester toujours propriétaire; je fais alors l'opération suivante : je vends mes titres au comptant et je les rachète à terme; de cette façon je pourrai, jusqu'à la liquidation, disposer du montant de la vente de mes titres, sauf, la liquidation arrivée, à répéter l'opération, si je me trouve avoir encore besoin de la somme que je me suis ainsi procurée.

Un grand nombre d'opérations de ce genre étaient

---

lice correctionnelle, contre M. Bagieu, et celui rendu le 21 juin 1860 par la Cour impériale de Paris, contre M. Sauvage, tous deux alors agents de change; ce sont les deux seules fois qu'on ait appliqué l'art. 421 à des agents de change. Seulement M. Bagieu ne fut condamné qu'à une amende, tandis que M. Sauvage fut en outre destitué. Hâtons-nous de dire qu'instruit de l'honorabilité de ce dernier, l'Empereur l'a relevé immédiatement de la destitution.

contractées lorsque la révolution de Février éclata; les emprunteurs ou reportés avaient donc vendu au comptant leurs titres et en avaient reçu le montant; ils s'étaient en outre engagés à reprendre en liquidation de fin février ou du 15 mars, et à un *prix fixé d'avance,* les titres qu'ils avaient vendus au comptant; les prêteurs ou reporteurs avaient fait la contre-partie de ces deux opérations; savoir : achat au comptant et vente à terme à un *prix déterminé.* Les événements politiques et économiques qui survinrent à partir du 22 février effrayèrent les esprits, et si la Bourse n'eût pas été fermée, les effets publics eussent, dès cette époque, éprouvé le mouvement de baisse qui se produisit depuis. Dans la prévision de l'intensité de cette baisse, et craignant que la forte perte à subir par les emprunteurs ou reportés ne poussât ces derniers à renoncer à solder ce qu'ils s'étaient engagés à payer, les agents de change prirent sur eux d'alléger cette perte, et décidèrent en conséquence que toutes les opérations liquidables fin février ou au 15 mars (reports comme spéculations) se compenseraient à des cours qu'ils fixèrent *arbitrairement,* et qui établissaient une perte d'environ 3 fr. par chaque 3 fr. de rentes 3 pour 100 ou par chaque 5 fr. de rentes 5 pour 100, et de 25 fr. par chaque action de chemin de fer. Cette perte *dut* donc être subie par les prêteurs sur titres, *malgré la légalité réelle et reconnue de leur opération.* C'était, en termes vulgaires, faire la part du feu. On comprend que si le parquet crut devoir prendre une telle mesure, ce ne fut pas sans des raisons fort graves et très-concluantes à ses yeux. La principale fut, si nous ne nous trompons, celle déjà rapportée plus haut, savoir que, sans ce sacrifice de la part des vendeurs (spéculateurs ou reporteurs), presque personne n'eût tenu ses engagements. On conçoit qu'en effet le reporté ou emprunteur, ayant disposé des capitaux empruntés avant la révolution, eût dû, pour reprendre ses titres (au prix fixé antérieurement au 24 février), réaliser probablement avec une perte énorme; or, cette perte, eût-il pu la solder? S'il l'eût pu, l'eût-il voulu ou eût-on pu l'y contraindre avec notre législation boiteuse?

Le fait est, qu'à notre connaissance du moins, aucune tentative ne fut faite par un seul reporteur contre son reporté, pour exiger le payement intégral de la somme *primitivement* convenue[1]. Est-ce par suite de plus graves préoccupations, relatives aux dangers que la société courut à cette époque, ou bien, parce que l'on douta de l'efficacité de la jurisprudence, surtout à une époque où l'avenir semblait si peu rassurant? Nous pensons que ces deux raisons ont dû agir concurremment, et c'est ce qui fait que le blâme de cette résolution ne doit pas retomber sur le parquet, qui ne consulta que la prudence pour agir ainsi, mais bien sur l'état actuel de notre jurisprudence commerciale dans ses rapports avec la Bourse.

On voit donc par cet exposé de l'état actuel de notre législation, que la liberté des opérations à terme est encore à inscrire dans la loi : « Liberté, nous dira-t-on, « mais vous l'avez! On ne vous défend pas de faire des « opérations à terme. Allez à la Bourse de Paris tous les « jours de midi et demi à trois heures, et vous y verrez,

---

1. Pour mieux se rendre compte de la perte subie par les prêteurs sur titres à cette époque, il suffira de savoir que le cours moyen du 5 pour 100, et du 3 pour 100, en février 1848 (on sait qu'à partir du 24 février jusqu'au 7 mars la Bourse fut fermée) est 115 fr. 75 pour le 5 pour 100 et 74 fr. 25 p. le 3 pour 100. Les prêteurs devaient donc recevoir, en moyenne, cette somme de leur emprunteur par chaque 3 fr. de rente 3 pour 100 ou 5 fr. de rente 5 pour 100 ; au lieu de cela, la mesure du parquet les contraignit de ne recevoir qu'une simple différence de 3 fr. par 3 fr. de rente 3 pour 100, ou 5 fr. de rente 5 pour 100. Or, le 5 avril suivant, le 3 pour 100 faisait 32 50 et le 5 5 pour 100 50 fr. La baisse colossale dont nous donnons les termes, leur imposa donc, sous déduction de la maigre indemnité de 3 fr., une perte d'environ 40 fr. par 3 fr. de rente 3 pour 100, ou 65 fr. par 5 fr. de rente 5 pour 100. Cette perte fut d'autant plus inique et spoliatrice, qu'au fond ils ne se livraient qu'à des opérations avouées et reconnues, par tout le monde, sans exception, pour très-prudentes et très-morales.

« à grands renforts de cris et de gestes, des opérations
« nombreuses consommées au vu et su de tout le public,
« sous la surveillance d'un commissaire de police spécial
« et par l'entremise d'officiers ministériels. » Oui, mais
comment tout cela se liquide-t-il en fin de compte? Un
débiteur malhonnête peut, les journaux judiciaires à la
main, se rendre compte si la loi le contraint, ou non, de
payer, et, dans le doute, quoique débiteur réel en équité,
charger son homme de loi de venir, la rougeur au front,
prouver qu'il ne doit pas *légalement*, lorsque ses opérations résultent de contrats loyaux passés entre gens ma-
jeurs et sains d'esprit. Est-ce la liberté ou la licence, cet
acquit sans payer que se donne à elle-même la mauvaise
foi, la loi à la main? La liberté de chacun, a-t-on dit, est
limitée par la liberté d'autrui. Quand il y a empiéte-
ment, il n'y a plus de liberté; si la loi ne protége pas ma
propriété, s'il ne valide pas mes contrats (question de dol
ou fraude réservée), je ne suis pas libre, et c'est une ironie
peu bienséante que de me déclarer, à moi contribuable,
que je suis libre quand on me refuse la sécurité que j'ai
payée par l'impôt. En résumé, la liberté de la propriété
est incompatible et contradictoire avec celle du vol.

# VI



Pour nous résumer, nous rappellerons que nous avons reconnu qu'au point de vue économique, le gouvernement ne produirait aucun dommage à la société, en assurant aux opérations de bourse le concours de la loi, et, qu'au point de vue moral, la meilleure manière de diminuer l'agiotage serait de lui assurer les mêmes garanties qu'à toutes les autres opérations commerciales.

Nous avons vu, en outre, que la législation actuelle, affectant de distinguer les opérations réelles (c'est-à-dire se liquidant par des levées ou livraisons de titres) des opérations de jeu (c'est-à-dire ne se liquidant que par une simple différence), et non-seulement de ne pas reconnaître, mais même d'interdire ces dernières, manque à la fois son double but, puisqu'elle ôte aux premières la sécurité qu'elle a voulu leur assurer, et qu'elle n'empêche pas le développement des dernières.

Nous croyons donc avoir démontré que la seule réforme possible et utile en matière d'opérations de bourse est l'assimilation complète et entière des affaires à terme, quelles qu'elles soient, à toute autre transaction commerciale, quant aux garanties que donne la loi pour faire exécuter ponctuellement les conditions contractuelles.

Toute autre législation est impossible à exécuter, témoin

la Bourse actuelle en regard des articles 421 et 422 du Code pénal cités plus haut. C'est là un des effets les plus remarquables de la force du principe dont le jeu est le point extrême.

Certes, pour quiconque n'examinera que superficiellement les faits tels qu'ils se pratiquent tous les jours, il y aura matière à grand scandale de voir combien la loi est aisément enfreinte sous les yeux et sous la surveillance même de l'autorité. Cependant, c'est un fait normal et naturel, qui est régulier en lui-même, et qui devrait être régularisé aux yeux du vulgaire.

Bien plus, nous croyons encore que s'il est désirable que l'individu abandonne les opérations hasardeuses pour retourner aux spéculations prudentes, cela ne peut arriver, en partie du moins, qu'en donnant aux opérations de jeu les mêmes garanties qu'aux opérations commerciales. Par ce moyen, beaucoup de personnes s'y livrent, sachant bien qu'actuellement on ne peut les poursuivre commercialement si elles se trouvent dans l'impossibilité de payer, qui les fuiront une fois que l'on pourra employer contre elles toute la sévérité des lois. Que de pères de famille malheureux, que de négociants gênés se sont laissé entraîner aux opérations de bourse par cette raison qu'à la rigueur leur honneur commercial n'en pouvait souffrir, puisqu'on ne pouvait obtenir jugement contre eux ! Cependant, s'il en avait été autrement, peut-être qu'au lieu de chercher à regagner leur fortune par une voie si hasardeuse, ils auraient puisé dans les difficultés de leur position une vigueur suffisante pour se relever, sans compromettre leur avenir ou celui de leur famille.

Une loi de commerce a pour première et nécessaire condition d'être exécutable. Si une loi limite telles ou telles opérations commerciales parfaitement licites au double point de vue économique et moral, elle ne tarde pas à être abrogée de fait, sinon de droit ; car il faut, avant tout, qu'une nation vive, nonobstant les erreurs de ses législateurs. « Les lois *arbitraires*, soit qu'elles soient établies par une législation ou par une coutume, peuvent être abolies ou changées de deux manières : par une loi expresse qui les abroge ou qui y fasse quelques changements, ou par un long usage qui les change ou les abolisse[1]. » C'est ainsi que la limitation du taux de l'intérêt commercialement perçu est éludée chaque jour par les banquiers les plus recommandables.

Une loi de commerce interdisant des opérations qui ne sont ni frauduleuses ni attentatoires à la liberté, a deux inconvénients fort graves : 1° elle augmente le danger des opérations et en rend les conditions plus onéreuses ; 2° elle habitue de très-bons citoyens à se livrer sans scrupule à des actes qui sont illégaux sans être aucunement injustes.

Un gouvernement prudent et libéral doit donc viser à établir la plus grande conformité possible entre les lois commerciales et industrielles et les principes des sciences morales et économiques, car ceux-ci sont basés sur la justice, et, comme l'a dit un économiste au cœur droit et à l'intelligence hardie autant que profonde, *la loi, c'est la justice.*

1. Domat, *Lois civiles*, liv. 1, tom. 1, n° 17.

# ANNEXES

## I

Parmi les défenseurs (au point de vue économique) des opérations de bourse, nous sommes heureux de compter l'un des esprits les plus éminents, l'un des penseurs les plus pratiques, l'un des praticiens les plus progressifs du premier empire, le comte Mollien, qui eut l'honneur d'être à la fois le conseiller et très-souvent le contradicteur courageux et patiemment écouté de Napoléon Ier. Ce grand ministre, qui fut par-dessus tout un homme de bien dans toute l'acception du terme, a laissé des mémoires précieux, dont nous extrayons la conversation suivante qu'il eut avec le premier consul [1] :

— Le premier consul me dit d'abord « que son intention, « en établissant une caisse d'amortissement, avait été d'en « faire l'arbitre du cours des effets publics. »

Je lui répondis : « Général, si les rentes en 5 pour 100, qui « étaient il y a environ vingt mois à 10 fr., se balancent au- « jourd'hui entre 40 et 50 fr., ce n'est sûrement pas à la « caisse d'amortissement que cette amélioration est due.

— « Mais, depuis quinze mois, les circonstances ne sont- « elles pas assez heureusement changées pour que l'espérance « d'une amélioration progressive soit devenue un sentiment « général? Cette progression n'est-elle pas dans l'intérêt de « tout bon Français?

— « Général, tout spéculateur, à la Bourse comme ailleurs, « me semble suivre son instinct naturel en achetant au plus « bas prix, quand il est acheteur [2], et, quand il est vendeur, « en cherchant à obtenir le plus haut prix possible.

1. *Mémoires d'un ministre du Trésor public.* — Tome Ier, p. 251 à 273.
2. Les mots acheteur et vendeur doivent être pris ici dans leur sens

— « Mais n'est-il pas évident que ceux qui jouent constam-
« ment à la baisse annoncent peu de confiance dans le gou-
« vernement ?

— « Permettez-moi, général, de demander s'il est possible
« d'être constamment joueur à la baisse, et si, au contraire,
« l'inévitable condition de tout spéculateur étant d'être alter-
« nativement acheteur et vendeur, il n'est pas nécessairement
« joueur à la baisse quand il achète, et joueur à la hausse
« quand il vend ?

— « Mais, sous un gouvernement qui ne veut que la gloire
« et la prospérité du pays, la hausse des effets publics devant
« être naturellement progressive, il ne devrait plus y avoir de
« spéculation à la baisse ?

— « Je pense que, dans l'hypothèse d'une hausse constam-
« ment progressive, il y aurait nécessairement, dans la pro-
« gression, des degrés que les spéculateurs se disputeraient,
« et la lutte resterait la même... Mais je vous demande pardon,
« général, d'occuper, par des définitions aussi minutieuses, les
« moments que vous m'accordez.

— « Puisque c'est moi qui vous les demande, vous n'avez
« pas à vous excuser, je ne crains pas de m'occuper de détails ;
« je demande si l'on ne doit pas regarder comme des mal-
« veillants ceux qui, pour avilir les effets publics, offrent d'en
« livrer dans un délai convenu des quantités considérables à
« un cours plus bas que celui du jour ? On dit que les princi-
« pales affaires de la Bourse se font entre des hommes qui
« vendent des effets publics qu'ils n'ont pas, ou qui ne pour-
« raient pas payer complétément le prix de ceux qu'ils achètent.

— « Il y a, général, dans les comptes qui vous ont été
« rendus, des faits vrais et des conséquences fausses ; on fait
« aux spéculateurs de la Bourse les honneurs d'une influence
« à laquelle ils ne prétendent pas sur le crédit public ; ce n'est
« pas là leur affaire ; la Bourse, comme tous les autres mar-
« chés publics, est fréquentée par des gens qui y cherchent
« des profits ; et puisque les engagements contractés sur ce
« marché se remplissent aussi exactement que ceux qui sont

commercial et non dans celui usité à la Bourse, où ils ont une signi-
fication directement contraire. Ainsi, ici, l'acheteur est le détenteur
de capitaux disponibles, et le vendeur le détenteur de titres.

« pris sur tout autre, il faut bien que, dans le délai fixé il soit
« virtuellement possible aux vendeurs de se procurer les effets
« publics qu'ils doivent livrer, et aux acheteurs de solder ceux
« qu'ils ont acquis. Il arrive sans doute aussi quelquefois à la
« Bourse qu'on manque à sa parole ; mais ce scandale y est
« plus rare et moins toléré qu'ailleurs.

— « Vous ne répondez pas à mon objection ; je demande si
« l'homme qui offre de livrer dans un mois à 38 fr. des rentes
« en 5 pour 100, par exemple, qui se vendent aujourd'hui au
« cours de 40 fr., ne proclame pas et ne prépare pas le dis-
« crédit ; s'il n'annonce pas, au moins, que, personnellement,
« il n'a pas confiance dans le gouvernement, et si le gouver-
« nement ne doit pas regarder comme son ennemi celui qui se
« déclare tel lui-même ?

— « Sans doute celui qui fait un pareil calcul peut être soup-
« çonné d'augurer mal d'une mesure administrative ou d'un
« événement politique ; mais l'influence réelle que cet événe-
« ment ou cette mesure peut effectivement avoir sur le crédit
« public n'en reste pas moins très-indépendante de son calcul ;
« s'il s'est trompé, il est puni par une forte amende ; car, au
« moment de la livraison, il achètera peut-être au-dessus du
« cours de 40 fr. ce qu'il n'aura vendu qu'au cours de 38 fr. ;
« et si (ce qui n'est pas impossible) il lui arrivait de deviner
« juste, de devancer l'opinion publique, cette espèce de con-
« seiller indirect pourrait bien en valoir un autre pour le gou-
« vernement lui-même. Si vous me permettez, général, de
« donner quelques développements à mes idées sur la Bourse,
« je la comparerai à une grande maison de jeu [1] dans laquelle
« se trouvent aussi des gens qui ne sont pas en état de faire les
« fonds des parties, et qui se bornent à parier pour ou contre
« tel joueur ; je demande si l'on pourrait justement attribuer
« à ces paris quelque influence sur l'événement des parties ?
« Assurément non : sans doute plusieurs de ceux qui fré-

---

1. Le comte Mollien ne proposait pas cette comparaison comme absolue ; ce qu'il a dit sur le côté sérieux des opérations de bourse le
prouve suffisamment. Seulement sa comparaison n'était que pour le
raisonnement qui va suivre, et nous ne devons pas le regretter, car elle
est à cet égard de la plus grande justesse, et nous la recommandons aux
publicistes de nos jours qui s'effrayent de l'influence des opérations de
bourse sur le taux des effets publics et des capitaux.

« quentent la Bourse y font des paris pour la baisse ; mais ce
« n'est pas parce qu'ils ont ainsi parié que la baisse arrive ;
« elle aurait également eu lieu, et par des causes très-indé-
« pendantes de leur intervention.

— « Vous supposez donc qu'il n'y a rien à faire de la part
« d'un gouvernement pour soutenir le crédit des effets publics,
« et conséquemment que l'établissement que vous dirigez est
« inutile?

— « Il est sans doute toujours honorable pour un gouver-
« nement de racheter sa propre dette, comme pour un négo-
« ciant d'escompter ses propres effets avant l'échéance ; mais
« pour que cette anticipation de payement donne au négociant
« de nouveaux moyens de crédit, il faut qu'il ne favorise pas
« quelques-uns de ses créanciers aux dépens des autres ; il
« faut qu'il ait fait preuve de solvabilité envers tous, pour
« avoir droit d'en rembourser d'avance quelques-uns.

— « Je vois bien où tend votre comparaison ; mais vous en
« auriez une autre à faire, celle de l'état dans lequel j'ai
« trouvé les finances et de leur état actuel. Tous les maux ne
« sont pas encore réparés ; mais ils le seront d'autant plus
« promptement, que le gouvernement rencontrera moins de
« censeurs et moins de contradicteurs. Or, je sais ce qui se
« passe à la Bourse de Paris ; je juge les hommes par leurs
« actes, par les motifs et les conséquences de ces actes ; je ne
« dis pas qu'on y prêche la révolte ; mais souvent on y donne
« une fausse direction à l'opinion publique, sinon par esprit
« de parti, au moins par un intérêt moins relevé, et qui n'est
« pas moins dangereux. Pour que l'opinion soit bien dirigée,
« il faut que le gouvernement lui donne l'impulsion, et que
« cette impulsion soit partout la même. Croyez-vous, par
« exemple, que, lorsque tant de petits intérêts conspiraient
« contre le crédit de ces nouveaux effets, qui sont aujourd'hui
« notre principale ressource, les obligations des receveurs
« généraux, l'intervention de la caisse d'amortissement ait
« été inutile? valait-il mieux les laisser déshonorés par un
« escompte de plus d'un pour cent par mois, sous prétexte de
« ne pas gêner les transactions? A l'égard de ces marchés à
« terme sur les 5 pour 100, je ne croyais pas que nous dus-
« sions être plus indifférents que la loi qui les réprouve.

— « Il est vrai, général, que ces marchés ont été proscrits

« avant la révolution par un arrêt du conseil; mais, lorsqu'on
« voit qu'ils n'ont jamais été plus multipliés que depuis cette
« époque, on pourrait demander si c'est la loi ou les marchés
« à terme qu'il faut accuser; quand on considère ensuite la
« marche de toutes les transactions civiles, on voit que presque
« tout se résout en marchés à terme; c'est par eux que les
« villes sont approvisionnées, que les armées s'entretiennent;
« c'est sur eux que reposent toutes les grandes combinaisons
« du commerce; on applaudit à l'habileté du négociant qui
« achète des denrées pour une somme décuple de ses capitaux
« parce qu'il a tellement calculé les besoins de la consomma-
« tion, que la vente est assurée pour lui avant l'échéance des
« termes qu'il a pris pour les payements. Pourquoi ce qui est
« en usage et en honneur sur toutes les places de l'Europe ne
« serait-il pas légitime dans le lieu qu'on appelle la Bourse?
« Pourquoi n'y tolérerait-on pas que celui qui voudrait dispo-
« ser dans deux mois de la valeur d'un effet public, traitât
« d'avance avec l'acheteur qui lui en promettrait le prix qu'il
« en veut avoir? que celui qui attendrait un remboursement
« à terme fixe en assurât l'emploi par l'achat d'un effet public
« livrable à la même époque? que le commerçant qui aurait
« des capitaux libres préférât, pour leur placement temporaire,
« les fonds publics, et trouvât l'intérêt de ce placement dans
« la différence de son prix d'achat à son prix de vente? Objec-
« tera-t-on qu'à la Bourse les marchés à terme n'ont pas de
« pareils motifs? Eh! faudra-t-il renoncer aux lettres de
« change parce que de mauvais commerçants en abusent? Il
« existe, à la vérité, une différence entre la Bourse et les
« autres marchés publics. C'est le gouvernement qui fabrique
« la matière qu'on y met en vente, qui règle le tarif auquel
« il la livre, et qui est conséquemment fort intéressé à ce que
« l'avilissement de son prix n'en altère pas la valeur, n'en
« discrédite pas la consommation. Mais s'il a pris toutes les
« mesures qui sont toujours en son pouvoir pour qu'elle re-
« trouve auprès de lui, dans un gage certain, le prix qu'il
« lui a assigné, s'il n'en rend pas la consommation forcée, en
« la faisant admettre par ceux à qui il avait fait d'autres pro-
« messes, le taux vénal de cette matière ne doit-il pas alors
« être maintenu dans sa proportion naturelle, et protégé contre
« toute espèce d'écart comme celui de tout autre objet, par

« le seul intérêt de ceux à qui le gouvernement en a transmis
« la propriété? Est-ce parce qu'il plaît à quelques hommes de
« parier que ce prix variera dans un temps donné, qu'il peut
« et doit éprouver les variations? Et s'il en éprouve en effet,
« n'est-ce pas évidemment par d'autres causes bien ou mal
« observées par eux, mais qui leur sont étrangères?

— « Une telle théorie tendrait à faire le procès à tous les
« gouvernements du monde.

— « Elle tendrait, au contraire, général, à prouver qu'une
« grande reconnaissance est due à un gouvernement nouveau,
« qui, s'établissant au milieu de tous les désordres, dans la
« confusion de tous les principes sociaux, sur les ruines de
« toutes les propriétés, a vu, sous ces auspices, quadrupler
« de valeur, en peu de mois, cette espèce de propriété qui est
« plus accessible que toute autre à l'influence de l'opinion.

— « C'est surtout un gouvernement nouveau qui doit cher-
« cher à maîtriser les écarts, même passagers, de l'opinion.
» Puisque vous convenez qu'il importe à sa considération au
« dedans et au dehors que le cours de sa dette se maintienne en
« état progressif, la conséquence naturelle de votre aveu est son
« droit de police et de surveillance sur ceux qui, ne spéculant
« que sur la variation de ce cours, ont souvent intérêt de lui
« imprimer un mouvement rétrograde. Eh! quels sont main-
« tenant les arbitres du cours de la dette publique? des
« hommes sans état, sans capitaux, sans patrie, qui vendent
« et achètent chaque jour dix fois plus de rentes en 5 pour
« 100 qu'il ne s'en trouve au marché; ils ne dépendent d'au-
« cuns tribunaux; ils n'offrent au public aucune garantie;
« ils ont souvent leurs complices parmi ceux qui remplissent
« à la Bourse l'office public d'agent de change, surtout depuis
« qu'il suffit de payer une simple patente pour exercer cet
« office. Il semble que le négoce des rentes soit, à Paris, l'af-
« faire de tout le monde, excepté celle des propriétaires réels;
« et, comme les soi-disant acheteurs et vendeurs ne font en
« effet que parier les uns sur les autres, que tel sera, à telle
« époque, l'état du cours, chacun d'eux, pour gagner son pari,
« prétend diriger la politique de toute l'Europe vers le but
« qu'il veut atteindre; chacun invente, commente, dénature
« les faits, pénètre dans le conseil, dans les cabinets des mi-
« nistres, dans les secrets des cours, fait parler les ambassa-

4

« deurs, dispose de la paix et de la guerre ; agite et égare l'o-
« pinion, toujours tellement avide de nouveautés et d'erreurs,
« surtout en France, que plus on la trompe, plus on a d'em-
« pire sur elle : et cette scandaleuse influence n'est pas seule-
« ment exercée par cette foule d'aventuriers qu'on appelle les
« *agioteurs*, les agents de change eux-mêmes, auxquels leur
« état interdit toute spéculation personnelle, abusent de leur
« position et font des marchés pour leur propre compte ; sou-
« vent ils deviennent ainsi les adversaires de ceux même
« qu'ils nomment leurs clients. L'intérêt seul de la morale pu-
« blique exige la répression de cet abus, et d'autres motifs s'y
« joignent encore. Les droits de la liberté cessent où ses abus
« commencent. Sans doute, tous les agents de change ne mé-
« ritent pas ce reproche ; mais ceux-là seuls doivent conserver
« leurs fonctions qui sont fidèles à leur institution. La juste
« mesure de leur nombre est dans celle des services qu'ils
« peuvent rendre au public et des opérations régulières qu'ils
« peuvent faire. Il est absurde que le gouvernement livre à
« tout venant, moyennant une taxe modique sous le nom de
« patente, le privilége d'abuser impunément de la foi publique.
« Il faut, malgré les nouvelles théories contre les corporations,
« rappeler les agents de change à l'esprit et à la discipline de
« corps ; ils y étaient soumis avant 1789 ; ils subissaient des
« épreuves ; au lieu de payer un prix de *location* annuelle
« pour leurs fonctions ; ils commençaient par déposer une
« finance ; c'était un premier gage pour l'État et le public, et
« encore ne suffisait-il pas qu'ils pussent remplir cette con-
« dition. Avant que l'admission fût définitive, la moralité, la
« capacité des candidats devaient être jugées par une espèce de
« jury composé des principaux agents de change; ainsi, c'était
« le corps entier qui répondait en quelque sorte de chacun
« de ses membres. Je ne crains pas de chercher des exem-
« ples et des règles dans les temps passés ; en conservant tout
« ce que la Révolution a dû produire de nouveautés utiles, je
« ne renonce pas aux bonnes institutions qu'elle a eu le tort
« de détruire. Les principes d'un gouvernement révolution-
« naire ne peuvent pas être ceux d'un gouvernement qui doit
« tendre à la sociabilité par la régularité. Le grand ordre qui
« régit le monde tout entier doit gouverner chaque partie du
« monde ; le gouvernement est au centre des sociétés comme

« le soleil ; les diverses institutions doivent parcourir autour
« de lui leur orbite, sans s'en écarter jamais. Il faut donc que
« le gouvernement règle les combinaisons de chacune d'elles
« de manière qu'elles concourent toutes au maintien de l'har-
« monie générale. Dans le système du monde, rien n'est
« abandonné au hasard : dans le système des sociétés, rien ne
« doit dépendre des caprices des individus. Je ne veux gêner
« l'industrie de personne ; mais, comme chef du gouvernement
« actuel de la France, je ne dois pas tolérer une industrie pour
« qui rien n'est sacré, dont le moyen habituel est la fraude et
« le mensonge, dont le but est un profit plus immoral encore
« que celui qu'on cherche dans les jeux de hasard, et qui, pour
« le plus médiocre profit de ce genre, vendrait le secret et
« l'honneur du gouvernement lui-même, si elle pouvait en
« disposer. J'observe, depuis quinze jours, l'esprit de la
« Bourse de Paris ; rien de pareil à ce qui s'y passe ne me pa-
« raît avoir lieu à la Bourse d'Amsterdam ni à celle de Lon-
« dres : ce n'est certainement pas au hasard que l'Angleterre
« et la Hollande doivent ce meilleur état de choses.

— « La situation de l'Angleterre et de la Hollande, général,
« exclut, relativement aux affaires de bourses, toute compa-
« raison entre elles et la France. Les bourses de Londres et
« d'Amsterdam sont ouvertes à d'immenses opérations com-
« merciales, concurremment avec les achats et ventes des
« fonds publics. Elles sont chaque jour le rendez-vous, le
« centre de réunion des plus honorables commerçants, tandis
« qu'au contraire les banquiers et négociants français du
« même ordre ne se montrent jamais à la Bourse de Paris ;
« ceux-ci doivent en effet éviter le contact des aventuriers ou
« des désœuvrés qui y sont conduits par le désir d'une for-
« tune meilleure, par le plaisir qu'on trouve à deviner l'ave-
« nir et à dominer le hasard, par l'attrait des profits prompts
« et faciles. On y rencontre aussi beaucoup d'hommes qu'un
« intérêt bien différent avait amenés à Paris, et qui, après
« avoir perdu le temps, épuisé leurs faibles ressources en de-
« mandes de places, en sollicitations, en poursuites de liqui-
« dations, de successions, de procès, vont chercher à la
« Bourse des distractions et croient y trouver des indemnités ;
« c'est principalement à ces deux classes qu'appartiennent
« ces spéculations aléatoires qui jettent une si grande défa-

« veur sur les marchés à terme ; mais si ces spéculations sont
« plus nombreuses, elles sont aussi les moins considérables.
« Les plus importants marchés sont faits au nom des capita-
« listes qui ne paraissent pas à la Bourse, qui veulent s'assu-
« rer des moyens de placement ou de remboursement, ou
« même d'emprunt plus favorable, remboursable à époque
« fixe, et qui sont acheteurs et vendeurs de rentes réelles :
« et je dois ajouter que ce n'est pas d'après l'exemple des
« Bourses de Londres et d'Amsterdam qu'on pourrait censurer
« les marchés à terme. Ils y sont bien plus multipliés qu'à
« Paris ; et cette forme de convention est en effet la seule que
« puissent admettre des transactions de commerce qui em-
« brassent l'approvisionnement de l'Europe, indépendam-
« ment des spéculations dont peut être l'objet la dette pu-
« blique des deux pays, si supérieure en volume à celle de la
« France. Ce qui distingue notre dette, c'est que son cours
« est susceptible de plus d'écarts ; souvent les causes les plus
« légères le font varier en un seul jour de deux ou trois pour
« cent, tandis qu'une variation d'un quart ou d'un demi pour
« cent dans le cours de la dette anglaise ou hollandaise est une
« sorte de révolution dans ces deux pays. Cette mobilité dans
« le cours de nos fonds publics est sans doute un puissant
« attrait pour l'essaim de petits spéculateurs, dont le savoir-
« faire se borne à parier sur les *différences* ; mais c'est d'une
« plus haute influence que dépendent les variations dans les-
« quelles ils trouvent des profits ou des pertes. Les gouverne-
« ments antérieurs au vôtre, général, n'ont-ils pas révélé la
« cause de ces fluctuations dans les souvenirs et les traces que
« laissent encore leurs expédients en finances ? Je ne citerai
« pas toutes les fautes, je ne remonterai pas aux plus an-
« ciennes ; chaque faute pourrait être le titre d'un grand cha-
« pitre ; les expropriations, la violation de la foi des contrats,
« le faux monnayage des assignats étendu à toutes les valeurs
« données en payement au lieu de la monnaie réelle promise,
« les atermoiements indéfinis, des immeubles supérieurs en
« valeur à toutes les dettes de l'État et dont la vente a laissé
« l'État débiteur de sommes encore plus fortes ; la propriété
« partout incertaine, soit sur les sacrifices qu'exigerait d'elle
« l'impôt, soit sur la nature et l'époque du remboursement
« de ses avances ; l'instabilité dans les plans des finances et

« dans les modes de payements introduisant une instabilité
« semblable dans tous les marchés, dans le prix de toutes
« choses ; c'est, je crois, à ces désordres qu'on doit attribuer
« quelques symptômes d'inquiétude et de défiance qui leur
« survivent encore, et à la manifestation desquels la liberté
« d'un marché public tel que la Bourse est peut-être plus fa-
« vorable. Mais si l'opinion s'y dévoile plus qu'ailleurs, elle y
« indique peut-être mieux aussi qu'ailleurs les moyens de la
« satisfaire.

— « Je vois que vous avez longtemps vécu éloigné des
« affaires publiques : dans la retraite on se crée des systèmes
« de perfections idéales ; on ne calcule aucune des diffi-
« cultés qui naissent des hommes, des lieux et des temps : il
« n'y a ni esprit national, ni ordre public, surtout dans ces
« temps modernes, là où chaque homme croit pouvoir ne
« prendre conseil que de son intérêt propre : tout homme, en
« société, a besoin d'une règle pour discerner ce qu'il doit
« aux autres hommes, ce qu'il peut se permettre et ce dont il
« doit s'abstenir à leur égard ; rien ne s'obtient dans le monde
« sans condition. » . . . . . . . . . . . . . . . . .
. . . . . . . . . . . . . . . . . . . . ; . . . . .
. . . . . . . . . . . . . . . . . . . . . . . . . .
. . . . . . . . . . . . . . . . . . . . . . . . . .
. . . . . . . . . . . . . . . . . . . . . . . . . .

. . . . . . « Quant aux marchés à terme[1], qui se font
« à la Bourse, et auxquels on oppose et la législation et la
« morale, je crois avoir prouvé que la morale ne s'y opposait
« pas, et j'oppose à la législation qui les proscrit, et qui se ré-
« duit à un arrêt de circonstance rendu en 1786, que cet
« arrêt n'a jamais été exécuté ni exécutable : pour condamner
« la vente et l'achat des effets publics qui s'opèrent sous cette
« forme, il faut oublier, je le redis encore, que les plus im-
« portantes, les plus nécessaires transactions sociales consis-
« tent en pareils marchés. Si des abus se sont introduits dans
« les transactions de bourse, qui reposent sur des marchés à
« terme, on doit surtout en accuser la jurisprudence qui les
« place hors du domaine de la loi : s'ils violent la foi pu-
« blique, les tribunaux doivent d'autant moins se refuser à en
« prendre connaissance ; leur devoir est de rechercher et de

1. C'est Mollien qui reprend la parole.

« punir cette violation. Quand un homme libre a pris des en-
« gagements téméraires, c'est dans leur exécution qu'il doit
« trouver la peine de son imprudence ou de sa mauvaise foi ;
« l'efficacité de la peine est dans l'exemple qu'elle laisse ; et
« certes, ce n'était pas un bon exemple donné par la jurispru-
« dence de 1786 que l'annulation du corps du délit au profit
« du plus coupable. Les marchés de bourse ont ce caractère
« particulier, c'est que les deux contractants, qui souvent ne
« se connaissent pas, s'obligent l'un envers l'autre par la mé-
« diation d'un agent de change, qui est l'homme de la loi ; il
« est responsable devant la loi de tous ses actes ; il n'en est
« donc aucun qu'elle doive refuser de juger. L'objection com-
« mune contre les marchés à terme faits à la Bourse, et qui
« est fondée sur ce qu'on ne peut pas vendre ce qu'on ne
« possède pas, et que la loi ne peut pas reconnaître un mar-
« ché qui n'aurait pas dû être fait, n'est au fond qu'une péti-
« tion de principe ; il me semble que la loi ne doit pas dé-
« fendre ce qu'elle ne peut pas punir, et bien moins encore
« ce qu'elle est réduite à tolérer, elle ne doit pas interdire à
« la Bourse de Paris un mode de transaction accrédité par un
« long usage à Londres, à Amsterdam, etc., et qui s'est plus
« particulièrement introduit dans nos habitudes d'après les
« changements survenus dans le régime de notre dette pu-
« blique. Cette dernière considération affaiblit encore l'in-
« fluence que pourrait conserver l'arrêt du conseil de 1786 ;
« et il l'avait lui-même déjà perdue avant que ces change-
« ments eussent lieu. Je ne prétends pas conclure de ce que
« les marchés à terme ne peuvent pas être interdits, qu'ils
« sont exempts d'abus ; c'est pour qu'ils soient réprimés dans
« leurs abus que je demande que les contractants soient jugés
« selon la loi commune des contrats. »

## II

Un de nos grands ministres des finances, M. le comte
Joseph de Villèle, alors président du conseil, proposa, en
1824, un projet de conversion de tout le 5 pour 100 en
3 pour 100 à des conditions avantageuses pour le crédit
public. Ce projet grandiose, et digne d'une des plus belles
intelligences financières qu'ait produites notre pays, fut

approuvé par la Chambre des députés à peu près dans
son entier, mais la Chambre des pairs en réduisit consi-
dérablement la portée et le bénéfice. Quoi qu'il en soit,
le 30 avril 1824, M. Joseph de Villèle, à l'appui de ses
idées, prononça à la Chambre des députés un discours
dans lequel il émet sur l'agiotage une opinion qui se
rapproche beaucoup de celle du comte Mollien. Nous
avons cru utile de reproduire dans son entier le frag-
ment de discours qui contient ces appréciations pour
que l'on ne pût nous accuser de torturer la pensée de
l'ancien ministre de la Restauration, et que le lecteur
pût, à son aise, apprécier la portée de ses paroles. Nous
nous permettrons seulement de faire remarquer que
l'opinion du financier de la Restauration devait probablement aller plus loin, dans le sens approbatif, que les
mots dont il s'est servi ne le font supposer; car, parlant
au nom du cabinet, et en outre président du conseil, il
a dû mettre plus de réserve que, simple publiciste, il ne
l'eût fait, dans l'émission de sa pensée, surtout devant
une opposition qui l'accusait de favoriser l'agiotage :

« Le préopinant a dit qu'on ralentirait beaucoup l'agiotage
en n'adoptant pas nos effets à 5 pour 100. Messieurs, depuis
le commencement de la discussion, j'ai entendu beaucoup
d'orateurs accuser d'agiotage le système financier que nous
nous proposons d'adopter. Je n'ai pas eu l'occasion de leur
répondre. Je prie la Chambre de me permettre de le faire en
ce moment.

« Je demande d'abord en quoi l'agiotage peut s'exercer
davantage sur un effet que sur un autre ? Je demande comment, avec la nécessité qui vous est imposée, dans notre système financier, de soutenir le crédit public pour se ménager
la facilité d'emprunter dans des cas extraordinaires; comment,
dis-je, est-il possible de concevoir une nature d'effets publics
qui ne donne pas prise à l'agiotage ? Car si vous laissez des
effets sous le coup d'un remboursement probable, il y aura
nécessairement de l'agiotage : nous en avons la preuve. Croyez-
vous qu'il n'y ait point d'agiotage en ce moment ? Et cepen-

dant vos fonds sont dans une position qu'on présente comme devant tuer l'agiotage. *Qu'est-ce qui produit l'agiotage? Ce sont les chances de hausse et de baisse. Si vous ôtez ces chances, vous tuez votre crédit. Plus les chances de hausse et de baisse auront d'incertitude, et plus vous donnerez prise à l'agiotage.* Or, il m'a paru évident que j'ôtais des chances à l'agiotage en vous proposant de créer un effet qui avait devant lui une carrière non interrompue, assez étendue pour qu'avec des conditions étrangères à tout ce qui constitue le crédit du pays, on ne pût influer sur lui. Toutes les fois que vous y joindrez des circonstances extraordinaires, et plus difficiles à apprécier par le commun des esprits, il n'y a pas de doute que vous favoriserez l'agiotage au lieu de le comprimer.

« Je me résume et je dis : il n'y a qu'un moyen de tuer l'agiotage, c'est de renoncer à votre système de crédit. Mais tant que vous sentirez, comme nous, l'indispensable nécessité, pour un pays comme la France, de pouvoir recourir à des emprunts, le jour où sa sûreté peut l'exiger, ou même sa prospérité le lui demander, il faut bien conserver tous vos moyens de crédit, quand vous voyez surtout d'autres pays avoir à leur disposition les moyens assez forts pour vous attaquer ou pour lutter avec vous. Tant que vous sentirez la nécessité de conserver cette ressource extraordinaire du crédit pour les circonstances extraordinaires, vous êtes soumis à la pénible condition d'en subir les conséquences fâcheuses, celles de l'agiotage. *C'est un mal, sans doute, mais qui porte avec lui son remède.* On vous a fait l'énumération de toutes les personnes qui vont agioter à la Bourse. Je ne crains pas de le dire, tous ceux dont ce n'est pas le métier ou la condition y laisseront leur fortune. »

(*Moniteur universel* de 1824, page 516.)

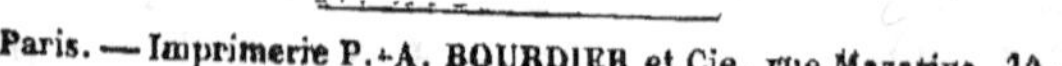

Paris. — Imprimerie P.-A. BOURDIER et Cie, rue Mazarine, 30.